深厚饱和软黏土路基联合处理技术

SHENHOU BAOHE RUAN NIANTU LUJI LIANHE CHULI JISHU

黄生根　杨炜林　曹　辉　著
敖江忠　彭从文　张细敏

图书在版编目(CIP)数据

深厚饱和软黏土路基联合处理技术/黄生根等著. —武汉:中国地质大学出版社,2020.7
ISBN 978-7-5625-4814-0

Ⅰ.①深…
Ⅱ.①黄…
Ⅲ.①饱和软黏土-铁路路基-路基工程
Ⅳ.①U213.1

中国版本图书馆 CIP 数据核字(2020)第 126321 号

深厚饱和软黏土路基联合处理技术	黄生根 杨炜林 曹 辉 敖江忠 彭从文 张细敏	著
责任编辑:王凤林 韦有福	选题策划:张 健	责任校对:张咏梅

出版发行:中国地质大学出版社(武汉市洪山区鲁磨路 388 号)　　　　邮编:430074
电　　话:(027)67883511　　　传真:(027)67883580　　　E-mail:cbb@cug.edu.cn
经　　销:全国新华书店　　　　　　　　　　　　　　　　　　　http://cugp.cug.edu.cn

开本:787 毫米×1092 毫米　1/16	字数:243 千字　印张:9.5
版次:2020 年 7 月第 1 版	印次:2020 年 7 月第 1 次印刷
印刷:武汉珞南印务有限公司	
ISBN 978-7-5625-4814-0	定价:36.00 元

如有印装质量问题请与印刷厂联系调换

目 录

第1章 绪 论 ··· (1)
  1.1 立题依据及研究意义 ··· (1)
  1.2 国内外研究现状 ·· (2)
  1.3 主要研究目标和内容 ··· (6)

第2章 联合处理技术复合地基的试验研究 ························· (7)
  2.1 工程概况 ··· (7)
  2.2 工艺性试桩试验 ·· (9)
  2.3 软基处理设计方案 ··· (18)
  2.4 施工工艺 ··· (20)
  2.5 现场监测方案及结果分析 ·· (23)

第3章 联合处理技术复合地基的作用机理分析 ················· (61)
  3.1 概 述 ·· (61)
  3.2 联合处理技术复合地基模型的建立与求解 ··················· (61)
  3.3 复合地基固结性状分析 ··· (80)

第4章 联合处理技术复合地基的数值分析 ························ (88)
  4.1 ABAQUS有限元模型的建立 ······································ (88)
  4.2 联合处理技术复合地基数值计算结果 ·························· (96)
  4.3 联合处理技术复合地基控制因素的影响研究 ··············· (109)

第5章 联合处理技术复合地基承载力的确定 ··················· (115)
  5.1 常规柔性桩复合地基求解方法 ·································· (115)
  5.2 联合地基处理技术复合地基承载力的计算 ·················· (116)

第 6 章　联合处理技术复合地基沉降计算方法 ……………………… (118)

　　6.1　常规复合地基沉降计算模式 ……………………………………… (118)

　　6.2　联合处理技术复合地基的沉降计算方法 ………………………… (122)

　　6.3　计算方法验证 ……………………………………………………… (130)

第 7 章　复合地基施工质量控制及加固效果评价 ……………………… (133)

　　7.1　概　述 ……………………………………………………………… (133)

　　7.2　质量控制 …………………………………………………………… (133)

　　7.3　加固效果评价方法 ………………………………………………… (138)

第 8 章　结　论 …………………………………………………………… (142)

主要参考文献 ……………………………………………………………… (144)

第1章 绪 论

1.1 立题依据及研究意义

近年来,随着国民经济的高速发展,我国铁路交通也得到了快速发展,截至 2018 年底,全国铁路营业里程超过 12×10^4 km。我国地域辽阔,软土分布广泛,尤其在东南沿海地区,修建铁路不可避免地要通过一定面积的软土地区。东南沿海区域的软土属于沿海沉积型软土,其分布范围遍及连云港至广州湾,其厚度自北向南变薄,具有孔隙比大、强度低、压缩性高及分布深等特点,在其上修建铁路路基的关键问题是地基土强度以及工后沉降控制问题。由于铁路路基工程对于工后沉降的要求较高,这对软土地基的处理提出了挑战,迫切需要相应的设计方法和技术措施。

传统的软土地基处理方法有挖土换填法、排水固结法、搅拌桩法及强夯法等。虽然传统的地基处理方法在软土地基处理过程中取得了许多成功的经验,但工程实践应用表明这些方法存在一定的缺陷。挖土换填法对工程机械以及填料需求量大,造价高,仅适用于面积小的工程场地;排水固结法可细分为堆载预压法和真空预压法,造价低廉,可以加快软土的固结速率,但需要较长的施工期与预压期,严重影响施工进度,不能适应当前铁路建设工期的需求;水泥土搅拌桩法的特点是能够减小地基的总沉降量,并且提高地基的稳定性,工期较短,但费用较高,其工后沉降速率较慢,且深部施工质量不易保证,不适宜单独处理深厚软黏土地基;强夯法由于存在有效区和影响区的差别,地基深层难以达到压密的效果,加固深度受到限制,对于有深层软弱下卧层的地基,只有增大吊车起重能力和增大吊锤重,才可奏效。针对上述问题,必须探讨新型软黏土地基的处理方法,以解决深厚软土地区的地基处理问题。

宁波穿山港铁路穿山港站地处深厚软黏土区域,在大面积堆载作用下,其地基稳定性和沉降控制是设计和施工难题。传统的地基处理技术处理深厚饱和软黏土地基不能兼顾工期及工后沉降,因而提出塑料排水板联合水泥土搅拌桩地基处理技术。塑料排水板联合水泥土搅拌桩是一种新型的地基处理技术,虽然在工程中有所应用,但其加固机理、沉降控制机理与稳定性控制机理都尚不明确,在设计阶段如何确定合理的参数尚无章可循。因此有必要针对上述问题展开研究,在此基础上提出联合法复合地基承载力和沉降计算方法。

1.2 国内外研究现状

1.2.1 排水固结法加固软基研究现状

排水固结法是目前工程上常用的、行之有效的方法之一,该方法由瑞典皇家地质学院杰尔曼(Kjellman)教授于1952年提出。其原理是通过砂井或塑料排水板等竖向排水体与砂垫层增加排水条件,缩短排水距离,利用堆载或真空等加压方式对软土地基进行预压,使土体中的孔隙水排出,加速地基土的固结,提高地基承载力。其中,1943年在美国首次将堆载预压法成功运用于处理沼泽地段路基。

排水固结法中的竖向排水体有砂井、塑料排水板等。由于砂井技术历史悠久,有较成熟的设计计算理论,所以目前塑料排水板技术基本上沿用了砂井的设计计算理论。关于砂井固结理论,学者们根据工程的具体情况,在不同的假设条件下,如土的均匀性、渗透性随时间的变化、适用的渗透定律、排水体的影响(井阻以及涂抹作用)、加荷速率和蠕变效应等,得出了土体固结的解析解。

Barron(1948)首次建立了在等应变和自由应变条件下考虑涂抹作用、在等应变条件下考虑井阻作用的竖井理论。此后,众多学者不断对 Barron 固结理论中的假定进行修正,并取得了大量的研究成果。

Richart(1957)系统地回顾了已有的砂井理论,进一步肯定了 Barron 得出的自由应变和等应变两种条件下算得的结果相差无几的结论,指出涂抹作用对平均固结度的影响相当于减小了砂井的直径。

Horne(1964)对 Barron 自由应变固结方程进行了改进,考虑了径、竖向固结的组合作用,但其求解时并没有考虑井阻和涂抹影响。

Yoshikuni 等(1974)对 Barron 自由应变下的理论进行了完善,详细推导了固结方程,并且得到了砂井流量连续方程,建立了自由应变条件下较为严密的砂井固结理论,为研究考虑井阻作用的影响创造了条件。

Hansbo(1981)不考虑涂抹区的影响,给出了考虑井阻作用下仅考虑径向固结时的等应变固结解答。该解答不是严格的精确解,因为他在推导过程中做了体积应变和任一深度处平均孔压不随深度变化这一假定。该解答与 Yoshikuni 等人的解答较为接近,但应用上更为方便。

谢康和(1989)针对固结理论解析解存在的一些缺陷,提出了等应变条件下考虑井阻和涂抹作用的竖井地基固结问题的精确解以及实用的径向平均固结度的计算式。

赵维炳(1991)改进了真空预压砂井地基固结分析半解析方法,使它也适用于成层地基情况,并可考虑砂井群共同作用、井阻和涂抹的影响。

谢康和(1995)给出了变荷载作用下双层地基及任意层地基一维固结问题完整的解析解答与固结度计算方法,并指出对于成层地基平均固结度按沉降定义和按平均孔压定义是有区别的。

房营光(1996)从 Terzaghi-Rendulic 三维固结方程出发,对砂井地基固结的空间渗流和群井效应做了分析,给出的砂井地基固结的解析解可以考虑群井共同作用、空间渗流和井阻作用。

Tang 和 Onitsuka 等(1997)通过对成层理想井地基进行研究,发现对于理想井地基孔压通解表达式仅用三角函数表示,即可满足控制方程等求解条件,且很容易推广到任意层砂井地基固结问题的求解。

随着众多学者的不懈努力,打穿砂井地基的固结理论日臻成熟。但在许多实际工程中,要想打穿整个软土层是很困难的,从工程应用的角度来讲也不一定需要,所以经常采用未打穿砂井处理地基。

王立忠(2000)针对未打穿情况的砂井地基,提出了当砂井区三维固结向单层土层的一维固结等效时等效土层厚度应由井距来控制这一思想。

郝玉龙(2002)对等效转化的计算方法做了改进,形成了把成层未打穿砂井地基固结等效为多土层一维固结的简化计算方法。

张玉国(2005)给出了下卧层一维固结解析解,进而求出了下卧层的平均固结度。但等效双层地基法平均固结度的选取对计算结果影响较大,且很难考虑井阻或涂抹效应。

闫富有(2007)、周开茂等(2007)、郭彪等(2009)将未打穿砂井底面下的软土层视为虚拟排水井,同时将未打穿砂井转化为打穿的多段砂井,使土层边界条件和数值计算过程得到简化。

1.2.2 水泥土搅拌桩法加固软土地基研究现状

水泥土搅拌法自 20 世纪 70 年代同时在日本和瑞典开发成功后,已被广泛应用于软土地基的加固。其原理是利用水泥或石灰等固化剂,通过特制的深层搅拌机械,在地基深处就地将化学固化剂和软黏土搅拌混合,形成具有一定强度的柱状加固体,使软土地基固结成整体性、稳定性良好的复合地基,从而提高地基承载力,减小变形。有关水泥土搅拌桩加固机理的研究成果较多。

刘一林、谢康和等(1990,1991)通过对水泥土搅拌桩复合地基变形特性的现场试验及有限元研究,分析了水泥土桩的破坏机理,并提出了临界深度问题。

叶观宝、叶书麟(1995)通过水泥土搅拌桩加固软基的试验研究,得到了水泥土与龄期的关系,并研究了桩土之间的应力分布关系。

Alamgir(1996)推导了水泥土搅拌桩复合地基的变形公式,分析了基础刚度对水泥土搅拌桩复合地基的影响,并用有限元方法进行了验证。

Lin 等(1999)使用水泥土搅拌桩解决高速公路路基施工中的差异沉降问题。他提出采用不同长度的水泥土搅拌桩减少差异沉降,并对不等桩长的处理效果进行了详细的分析。

传统的水泥土搅拌桩设计方法是借用于石灰桩的设计理论,该方法十分简单。Baker(2000)研究了水泥土搅拌桩加固软土地基的力学和水力特征,并提出一种基于水泥土搅拌桩的沉降预测方法。该方法考虑了桩与桩周土刚度差异对固结速率的影响。

王年香等(2001)运用离心模型试验对采用水泥土搅拌桩法加固码头接岸软基和沉箱码

头基础的工作机理和破坏机理开展研究,弄清了影响整体稳定性的主要因素。

李海芳(2004)探讨了不等桩长的变形计算公式。在假设的位移模式下,考虑桩土相互作用,通过力学推导,得到了路堤荷载下复合地基桩侧摩阻力、加固区桩间土压缩量和桩土应力比的解析表达式。

Chew(2004)使用X射线衍射、电子显微镜扫描、激光衍射物测量等手段研究了水泥土桩的微观结构,并对水泥土桩中的相互作用进行了微观层次上的解释。

Lee(2005)探究了水泥土搅拌桩中水泥土和水的含量如何影响桩的强度和变形模量,这为水泥土搅拌桩的设计及施工提供了依据。

秦建庆等(2000)结合由变形控制设计水泥土桩复合地基的实践经验,将应力解应用于变形计算中,并考虑到水泥土桩存在临界桩长,提出了三层地基模式。

章定文等(2006)对连云港至徐州高速公路连云港段多个断面的现场实测沉降资料进行分析后发现,搅拌桩具有加速地基固结的作用,并认为其原因在于桩体的应力集中效应以及搅拌桩施工过程导致的劈裂裂缝可以作为超孔隙水压力的排水通道。

邢皓枫等(2006)研究了刚性基础下水泥土桩固结性状,从流量、体变相等原理出发建立固结方程,采用分离变量法得到复合地基固结解析解。

杨涛等(2007)将复合地基视为均质复合材料,考虑桩土相互作用,建立了不排水端承桩复合地基固结方程,并给出复合地基固结度的解析解。

1.2.3 塑料排水板联合水泥土搅拌桩地基处理技术研究现状

叶观宝、徐超等(2006)提出了将排水固结法与水泥土搅拌桩法联合使用处理高速公路软土地基。叶观宝将采用长的塑料排水板与短的水泥土搅拌桩联合处理的方法简称为长板-短桩工法,并将其应用于江苏省淮安—盐城(简称淮盐)高速公路试验段软基处理中。长板-短桩复合地基具有水泥土桩和塑料排水板两种处理方案的优势,对处理深厚饱和软土地基具有很好的应用前景,目前已经在公路、铁路及水利电力工程等大型地基处理项目中展开应用研究。

刘孝江(2005)结合淮安—盐城高速公路试验段的沉降观测、土压力观测、桩间土性能变化的现场试验,证实塑料排水板联合水泥土搅拌桩的地基处理方法能够达到缩短工期、提高软土地基承载力、减少工后沉降、降低造价的目的,并对复合地基承载力的评价、沉降计算方法进行了研究,提出了联合处理方案的设计思路。

叶观宝、王艳等(2006,2007)依据淮盐高速公路的试验研究,比较各种数值模拟计算方法的基础上,选用复合地基单元体的方法,与现场试验结果进行拟合,探讨了长板-短桩工法复合地基数值模型的合理性。

周荣超、潘思建等(2007)应用长板-短桩工法处理高速公路的软土地基。研究表明:该工法能有效提高地基的稳定性,将工后沉降控制在一定范围内;另外,通过对桩和板的间距、长度以及预压方式的调整使不同段落间沉降速率的协调成为可能。

叶观宝、王艳等(2007)采用复合地基单元体法进行数值模拟,以现场量测数据作为验证,分析了长板-短桩工法复合地基的固结沉降特性。研究表明,短桩的设置不仅可以提高路基的整体稳定性,还可以加速复合层和固结层的固结速率,尤其是设置了排水板后,复合地基固结速率将进一步加快。

晏青青(2008)针对塑料排水板和水泥土搅拌桩联合处理高速公路深厚饱和软土地基的新方法,设计该工法的离心模型试验,以揭示该工法的加固机理、固结特性及沉降变形的变化规律,为优化设计提供可靠的理论依据。但采用离心模型试验模拟实际工程的分析不够成熟,组合型加载方式在试验开始阶段无法区分离心力和上部附加荷载带来的变化;模型桩的制作按照置换率相等的原则进行换算,没有按照比例尺进行换算。

叶观宝、李娟等(2008)结合淮盐高速公路的工程实例,探讨了长板-短桩工法处理高速公路软土地基的合理性和优势,指出短桩的刺入效应有利于附加应力的传递,加快桩底下部固结层的排水固结;浅层软土地基的处理,联合处理法不如塑料排水板,随着软土厚度的增加,联合处理法的优势越来越明显。

俞海强(2010)探讨了长板-短桩工法的沉降计算方法,认为固结层与未加固层地基模量相等,复合层的模量取水泥土搅拌桩和桩间土的复合模量。采用分层总和法计算固结沉降量,采用弹性理论公式计算瞬时沉降,忽略次固结沉降量,计算较为简单,但没有考虑桩与土的相互作用。

叶观宝、陈健等(2010)针对长板-短桩工法处理上海A15公路深厚软基的固结特性,开展了现场试验研究。分析表明:排水板的存在,可以有效提高深厚软黏土的固结速率;长板-短桩组合型复合地基通过排水固结快速提高桩间土强度,发挥桩间土承载作用;长板-短桩工法利用施工期的预压完成了80%以上的固结沉降。

王宏贵(2011)以甬台温客运专线温州南站大面积深厚软土层处理加固工程为研究背景,对长板-短桩复合地基的加固机理与工程应用进行了研究。研究表明,与桩底位于持力层的搅拌桩复合地基相比,长板-短桩复合地基沉降机理明显不同。桩身荷载分布规律测试结果表明桩顶及桩底均发生了明显的刺入现象,桩顶承受负摩擦力作用。在桩身中性点位置,即为桩土等沉面。桩侧摩阻力分布形状基本呈三段直线,桩顶区域承受负摩擦力,中性点约位于桩底处,桩身轴力很小,即长板-短桩复合地基中的桩可视为纯摩擦桩。

司海燕、苌红涛等(2011)基于离心模型试验,设计出不同的试验方案,对长板-短桩工法的加固机理进行了研究。研究表明:利用长板-短桩工法加固深厚软土地基是可行的,与单独使用水泥土搅拌桩复合地基相比,长板-短桩工法能够减小不均匀沉降,并在一定程度降低地基处理费用;与单独使用塑料排水板相比,长板-短桩工法不仅能减小不均匀沉降量,而且能够减小高等级公路的工后沉降量。

邢皓枫、张振等(2011)提出了长板-短桩组合型复合地基排水系统的简化模型,即将排水板地基模型转化为排水墙地基模型,并根据定解条件获得排水墙地基固结解析解。通过有限元分析结果与工程实例验证了组合型复合地基排水系统简化方法的合理性和可行性。

张迎春(2012)通过对长板-短桩地基处理方法在广东省某高速公路的现场试验进行分析。分析表明:该方法能够显著提高地基的极限承载力,加快填土速度。填土期间地基中搅拌桩能有效约束深层土体侧向位移,但路基沉降速率较大。相对常规排水预压法,该方法可以减少沉降总量,但后期沉降速率收敛缓慢,对于减少预压时间和工后沉降作用不明显。试验区桩土应力比较小,且总体上体现出填土期迅速增大、预压期逐渐减小的特征。

刘宇甲、余湘娟等(2017)将长板-短桩工法应用于海相软土地区,采用 FLAC^{3D},建立数值分析模型,研究搅拌桩的桩长、桩间距和桩径对路基沉降、搅拌桩轴力的影响。研究表明:路基沉降随桩长和桩径增加而减小,随桩间距增加而增大。搅拌桩桩身上部存在桩侧负摩阻力,桩身轴力随深度增加而先增大后减小。桩间距增大时,桩身轴力略微增大;随桩径增加,不同深度桩身轴力均增大。

综上所述,国内外对联合地基处理技术的研究还很少,在穿山港这类大型堆场大规模应用联合处理法在国内属首次。因此有必要针对上述问题展开研究,在此基础上提出联合法复合地基承载力和沉降计算方法。

1.3 主要研究目标和内容

1.3.1 主要研究目标

本课题研究目标是根据铁路建设的迫切需要,对深厚饱和软黏土路基联合处理技术存在的一些关键问题展开研究工作。

课题结合穿山港软基处理工程,以现有的复合地基理论为基础,参考国内外最新的理论研究成果及相关行业的成熟技术,以先进的技术、方法为手段,研究深厚饱和软黏土复合地基的作用机理、承载力以及沉降计算方法。

1.3.2 主要研究内容

针对深厚饱和软黏土联合路基处理技术的研究现状及存在的问题,本课题从以下 5 个方面开展研究工作。

(1)联合处理技术复合地基作用机理的研究。建立复合地基的固结解析模型,深入探讨复合地基的固结特性。

(2)联合处理技术复合地基的现场试验研究。进行现场单桩试验、复合地基试验、孔压测试、桩土应力测试以及沉降监测,得到复合地基承载力、孔压变化规律,桩土应力变化规律以及沉降变化规律。

(3)联合处理技术复合地基的数值分析。采用大型有限元软件 ABAQUS,建立加固体、排水体与地基不同组合形式的共同作用模型,对影响加固效果的多项因素进行分析,同时分析不同因素的敏感度。

(4)联合处理技术复合地基承载力以及沉降计算方法的研究。基于现场试验和模拟计算结果对现有的计算方法进行评价,提出适用于联合处理技术复合地基的承载力及沉降计算方法。

(5)根据国内外相似条件的工程调查、现场试验和模拟分析,对影响施工质量的因素进行分析,提出施工质量的控制措施。

第 2 章 联合处理技术复合地基的试验研究

2.1 工程概况

2.1.1 项目简介

穿山港车站位于北仑区郭巨镇华峙村,在宁波港北仑港区四期集装箱码头作业区南侧,车站中心里程 DK23+190,车站建成后将于北仑港区四期、五期集装箱堆场融为一体,实现铁路于港口货物装卸"零对接"。穿山港车站总占地 559.3 亩(1 亩≈666.67m²),其中软基处理区域 234.5 亩。车站设正线 1 条(Ⅱ道)、到发线 3 条(1、3、4 道),远期预留 1 条(5 道),有效长 850m。集装箱场装卸作业区按 2 个线束布置,每线束设装卸线 2 条(其中 1 线束为远期预留),有效长 850m,满足整列装卸。主箱场采用跨度 35m 的双悬臂轨道式龙门吊,设 9 排箱位,可布置 1053 个标准箱位。穿山港站平面布置如图 2.1 所示。

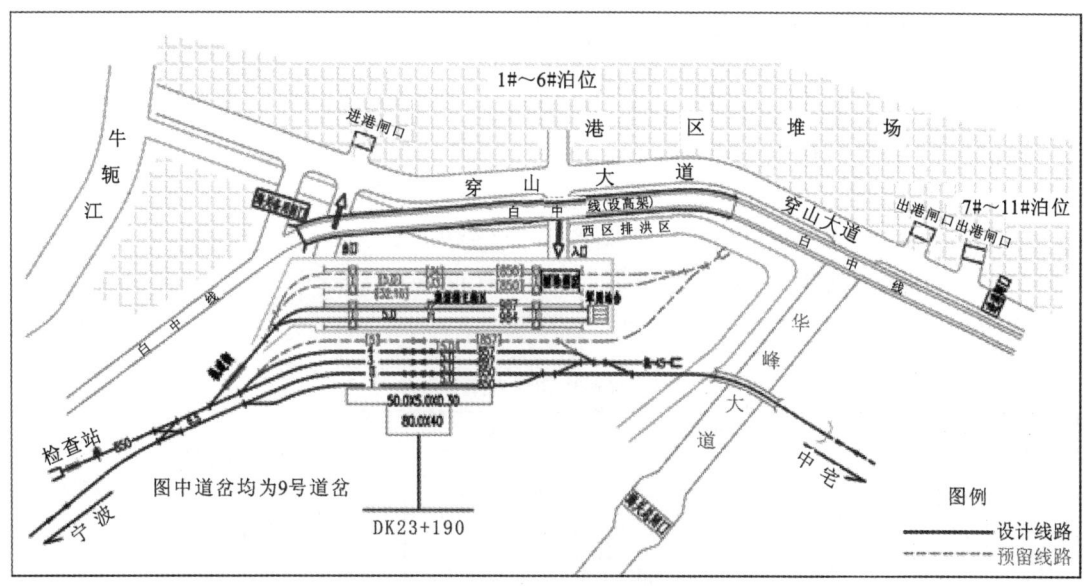

图 2.1 穿山港站平面布置示意图

2.1.2 工程地质条件

穿山港站地形地貌为剥蚀丘陵区及冲滨海平原。丘陵区地势略有起伏,较开阔;冲滨海平原地形平坦、开阔。地下水主要为第四孔隙潜水,不甚发育,水位埋深 0.5~2.0m。其中,DK23+200~+750 段地下水环境作用等级为:二氧化碳侵蚀为 H1,氯盐环境为 L2。地层剖面如图 2.2 所示。

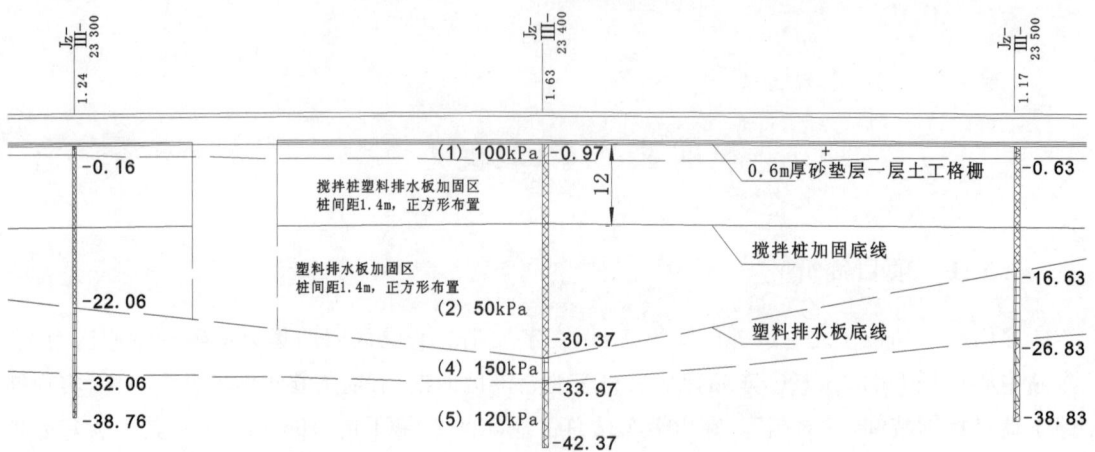

图 2.2 穿山港站地层剖面图(m)

地层岩性如下:

(0)Qh^{ml} 素填土:灰黄色、稍湿、松散;
(1)Qh^{mal} 粉质黏土:灰黄色,软塑,$\sigma_0=100kPa$;
(2)Qh^{al+m} 淤泥质黏土:灰色,流塑,$\sigma_0=50kPa$;
(4)Qp^{al+pl} 粉质黏土:灰黄色,硬塑,$\sigma_0=150kPa$;
(5)Qp^{al+m} 黏土:灰黄色,软塑,$\sigma_0=120kPa$;
(8)Qp^{el+dl} 粉质黏土:灰黄色,硬塑,$\sigma_0=180kPa$;
(9)-1 J_3a 熔结凝灰岩:全风化,灰黄色,$\sigma_0=250kPa$;
(9)-2 J_3a 熔结凝灰岩:强风化,黄褐色,$\sigma_0=500kPa$;
(9)-3 J_3a 熔结凝灰岩:弱风化,青灰色,$\sigma_0=1000kPa$。

地基土采用的物理力学参数指标如表 2.1、表 2.2 所示。

表 2.1 地基土物理力学参数(一)

地层编号	天然含水量/%	天然密度/(g/cm³)	颗粒密度/(g/cm³)	天然孔隙比	液限/%	塑限/%	塑性指数/%	液性指数/%
(1)	30.53	1.91	2.73	0.87	37.44	21.48	15.97	0.57
(2)	46.98	1.74	2.74	1.32	42.28	23.20	19.08	1.25
(4)	27.29	1.98	2.73	0.77	38.22	21.23	16.99	0.38
(5)	28.68	1.93	2.72	0.83	35.71	20.51	15.20	0.54

表 2.2 地基土物理力学参数(二)

地层编号	快剪		固结快剪		压缩系数	压缩模量/MPa	固结系数	
	内摩擦角/(°)	黏聚力/kPa	内摩擦角/(°)	黏聚力/kPa			C_v/($10^{-3}cm^2/s$)	C_h/($10^{-3}cm^2/s$)
(1)	10.78	32.80	13.45	31.00	0.57	3.24	/	/
(2)	2.84	9.64	8.96	13.70	1.08	2.04	3.69	3.65
(4)	12.45	44.50	17.78	47.00	0.33	5.61	/	/
(5)	11.33	36.57	21.00	32.25	0.38	5.27	8.51	9.56

2.2 工艺性试桩试验

2.2.1 试验目的与内容

试验目的:通过工艺性试桩试验确定合理的桩身参数。

主要试验内容:①标准水泥土强度试验;②水泥土搅拌桩工艺性试桩试验;③双向水泥土搅拌桩工艺性试桩试验。

2.2.2 标准水泥土强度试验

2.2.2.1 标准水泥土强度试验

水泥土强度检测严格按照《建筑地基检测技术规范》(JGJ340—2015)相关规定进行试验,采用钻芯法获取水泥土芯样。

(1)钻芯法取样(图 2.3)。钻芯法试验数量不少于单位工程施工搅拌桩总量的 0.5%,且不少于 3 根。当桩长大于或等于 10m 时,桩身强度抗压芯样试件按每孔不少于 9 个截取,桩体三等分段各取 3 个;当桩长小于 10m 时,桩身强度抗压芯样试件按每孔不小于 6 个截取,桩体两等分段各取 3 个。

图 2.3 钻芯法取样现场图片

(2) 标准水泥土强度试验抗压强度的取值。试验抗压试件直径不宜小于 70mm,试件的高径比宜为 1:1;抗压芯样取样后,密封避免晾晒。芯样试件的加工和测量可按现行行业标准《建筑基桩检测技术规范》的有关规定执行。

试验机采用高精度小型压力机,试验额定最大压力不宜大于预估压力的 5 倍。芯样试件抗压强度按下式计算确定:

$$f_{cu} = \frac{4P}{\pi d^2} \quad (2.1)$$

式中:f_{cu} 为芯样试件抗压强度(MPa),精确至 0.01MPa;P 为芯样试件抗压试验测得的破坏荷载(N);d 为芯样试件的平均直径(mm)。

桩身芯样试件抗压强度代表值应按一组试件强度值的平均值确定,水泥土芯样试件抗压强度代表值应取各段水泥土芯样试件抗压强度代表值中的最小值。

$$\bar{q}_{uf} = \frac{\sum_{i=1}^{n} q_{ufi}}{n} \quad (2.2)$$

$$\sigma_{uf} = \sqrt{\frac{1}{n-1}\sum_{i=1}^{n}(\bar{q}_{uf} - q_{ufi})^2} \quad (2.3)$$

$$\delta_{uf} = \frac{\sigma_{uf}}{\bar{q}_{uf}} \times 100\% \quad (2.4)$$

式中:q_{ufi} 为单桩的芯样试件抗压强度代表值(kPa);$\bar{q}_{uf}$ 为检验批水泥土桩的芯样试件抗压强度平均值(kPa);σ_{uf} 为桩身抗压强度代表值的标准差(kPa);δ_{uf} 为桩身抗压强度代表值的变异系数。

2.2.2.2 试验方案及结果分析

水泥土强度试验方案:分别制备水胶比为 0.45、0.5 以及 0.55 的 3 组搅拌桩,每组搅拌桩内控制每米水泥用量分别为 55kg、60kg、65kg、70kg 以及 75kg;每组水泥土搅拌桩 15 根,每米水泥用量各 3 根;采用钻芯法取样。

整理标准水泥土强度试验结果,如表 2.3 所示。

表 2.3 水泥土强度试验结果

水胶比	每米水泥用量/kg	强度/MPa			平均值/MPa
0.45	55	1.80	1.94	2.10	1.95
	60	2.34	1.80	2.65	2.26
	65	2.44	2.62	3.11	2.72
	70	3.22	2.81	3.20	3.08
	75	3.50	3.76	3.57	3.61

续表 2.3

水胶比	每米水泥用量/kg	强度/MPa			平均值/MPa
0.5	55	2.89	2.51	2.37	2.59
	60	2.14	2.79	2.32	2.42
	65	2.79	2.58	2.52	2.63
	70	2.58	3.02	2.55	2.72
	75	2.99	2.86	2.61	2.82
0.55	55	1.50	1.30	1.90	1.57
	60	1.66	1.78	1.66	1.70
	65	2.30	1.87	2.41	2.19
	70	1.83	2.95	2.93	2.57
	75	2.73	2.61	2.67	2.67

2.2.3 试桩试验方案及结果分析

2.2.3.1 试桩试验方法

(1)单桩静载试验。单桩垂直静载荷试验采用慢速维持荷载法,具体做法是按一定要求将荷载分级加到试桩上,每级荷载维持不变直至下沉量增量达到某一规定相对稳定标准,然后继续加下一级荷载,当达到规定的终止试验条件时便停止加荷,再分级卸荷至零载。

荷载与沉降的量测仪表:荷载采用连接于千斤顶的压力表测定压力,根据千斤顶率定曲线换算荷载,试桩沉降采用百分表测量,固定和支撑百分表的夹具和基准梁在构造上一端自由伸缩,最大限度地减少由于昼夜温差较大而产生的变形和竖向变位,确保百分表读数精度。

加载系统:采用横梁堆载反力装置用油压千斤顶加载。其加载系统详见图 2.4。

图 2.4 堆载法试验装置

加卸载与沉降观测：单桩垂直静载荷试验采用慢速维持荷载法，每级加载为预估极限荷载的 1/10，第一级荷载可按 2 倍的分级荷载加荷。每级加载后在第一小时内，每隔 5min、10min、15min、15min、15min 测读一次；以后每隔 30min 测读一次，读数记入试验记录表。

沉降相对稳定标准：每 1h 的沉降不超过 0.1mm，并连续出现两次，认为已达到相对稳定，可加下一级荷载。

当出现下列情况之一时，终止加载：①桩发生剧烈或者不停的下沉或倾斜；②当荷载-沉降曲线上有可判定极限承载力的陡降段（即每级荷载作用下桩的沉降是超过前一级荷载作用下沉降量的 5 倍以上），且桩顶沉降量接近 40mm；③荷载-沉降曲线没有明显转折点，但桩的沉降量大于前一级荷载作用下沉降量的 2 倍，且经 24h 尚未达到相对稳定；④达到要求的加载值。

卸载与卸载沉降观测：每级荷载值为每级加载值的 2 倍，每级卸载后每隔 15min 测读一次残余沉降，读两次后，每隔 30min 再测读一次，即可卸下一级荷载。

(2) 单桩复合地基静载试验。复合地基的静载试验标准：严格按《建筑地基处理技术规范》(JGJ79—2002)执行。每级加载前后各读记压板沉降一次，以后每 30min 读记一次。

沉降相对稳定标准：每 1h 内沉降增量小于 0.1mm，认为已达到相对稳定，可加下一级荷载。

卸载及观测：分三级等量卸载，每卸一级，读记回弹量，直至变形稳定。

终止试验标准：①沉降急骤增大、土被挤出或压板周围出现明显的裂缝；②累计的沉降量已大于压板宽度或直径的 6%；③总加载量已达到设计要求值的两倍以上；④当达不到极限荷载，而最大加载压力已大于设计要求压力值的 2 倍。

复合地基承载力特征值确定：①当压力-沉降曲线上极限荷载能确定，而其值不小于对应比例界限的 2 倍时，可取比例界限；当其取值小于对应比例界限的 2 倍时，可取极限荷载的一半。②当压力-沉降曲线是平缓的光滑曲线时，可按相对变形值确定。复合地基承载力特征值可取 s/b 或 $s/d=0.012$ 所对应的压力。

2.2.3.2 试验方案及结果分析

为了确保施工质量，确定最佳施工工艺，共进行了 3 次工艺性试桩试验。

1) 第一次试桩试验方案及结果分析

在 DK23+413.198～DK23+414.398 段进行了单向水泥搅拌桩的工艺性试桩，深层搅拌桩型号为 SJD-III（图 2.5）。

试桩共 6 根，每 3 根为一组。采用四搅四喷施工工艺，水泥浆液的拌制原材料在进场时均经试验检测合格，在现场称重计量后，进行水泥土搅拌桩施工。水泥土搅拌桩技术参数见表 2.4。

施工现场，水泥土搅拌桩达到 28d 龄期后，开挖表层土进行桩头检查，发现桩头质量较好，桩径大于 50cm（图 2.6）。

图 2.5 深层搅拌打桩机(SJD-III)

表 2.4 水泥土搅拌桩技术参数

桩号	设计桩长 /m	设计水泥用量 /(kg/m)	实际施工桩长 /m	实际水泥用量 /(kg/m)	水灰比	钻进速度 /(cm/min)	施工工艺
B221-7	12	65	12.3	65.04	0.7∶1	50	四搅四喷
B221-8	12	60	12.3	60.98	0.7∶1	50	四搅四喷
B221-9	12	55	12.3	56.91	0.7∶1	50	四搅四喷
B222-7	17	65	17.3	66.47	0.7∶1	50	四搅四喷
B222-8	17	60	17.3	60.69	0.7∶1	50	四搅四喷
B222-9	17	55	17.3	55.00	0.7∶1	50	四搅四喷

图 2.6 混凝土成桩质量

水泥土搅拌桩成桩 28d 后,对 B222-7、B222-8 以及 B222-9 搅拌桩采用钻孔取芯的方法,检验桩身完整性以及搅拌桩抗压强度。

(1)钻芯取样结果分析。经检查试验的搅拌桩桩体完整、桩体水泥土搅拌均匀,但桩体大部分芯样为未固结状态,桩体芯样如图 2.7～图 2.9 所示。

图 2.7　B222-7 钻芯取样

图 2.8　B222-8 钻芯取样

图 2.9　B222-9 钻芯取样

经取芯无侧限抗压强度试验检测,桩体在 1.8m 以上部分均达到 2.8MPa 以上,1.8m 以下部分强度在 0.1～0.3MPa,小于设计要求的 1MPa。

(2)承载力检测结果分析。

单桩承载力检测:现场选取 B222-7 水泥搅拌桩进行单桩承载力试验(78kN),当实际加载至 48kN 荷载时,桩顶沉降量大于 32kN 荷载作用下沉降量的 5 倍,且总沉降量为 101.43mm,超过 40mm,试验终止。

复合地基承载力检测:现场选取 B222-8 水泥搅拌桩进行复合承载力(130kPa)试验,当加载至 78kPa 荷载作用时,桩顶沉降量急剧增大,土被挤出,承压板周围出现明显的隆起,试验终止。

2)第二次试桩试验方案及结果分析

水泥搅拌桩桩长 12m,桩径 0.5m。采用正方形布置,桩间距为 1.4m。水泥采用 P.O 42.5 普通硅酸盐水泥,掺入 SN-201 早强剂。水泥搅拌桩设计强度要求:桩体水泥土 28d 龄期无侧限抗压强度不小于 1.0MPa,单桩承载力不小于 78kN,复合地基承载力不小于 130kPa。试桩施工前先施工排水板,分布如图 2.10 所示。

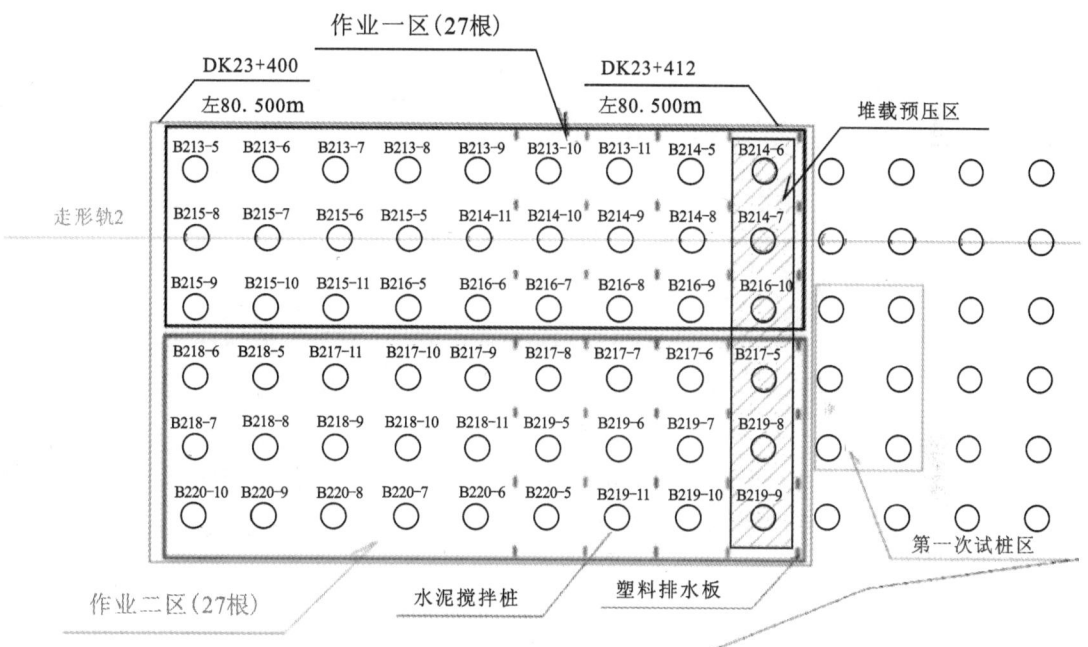

图 2.10 第二次试桩试验水泥土搅拌桩分布图

试验桩施工技术参数见表 2.5。

表 2.5 试验桩施工技术参数

序号	桩径 /mm	桩长 /m	水泥用量 /(kg/m)	水灰比	提升速度 /(cm/min)	泵压 /MPa	工艺
B216-8	500	12	65	0.55	100	0.4	四搅四喷
B216-10	500	12	65	0.55	100	0.6	两搅两喷
B219-7	500	12	65	0.5	100	0.5	四搅三喷

(1)单桩竖向抗压承载力检测。对 B225-7、B225-8 和 B224-11 水泥搅拌桩进行单桩竖向抗压承载力试验,试验结果汇总见表 2.6。

表 2.6 试验结果汇总

桩号	最大加载量/kN	最大沉降量/mm	试验承载力特征值/kN	设计承载力特征值/kN
B224-11	56.4	33.15	47.4	94
B225-7	103.4	42.69	94	94
B225-8	103.4	41.84	94	94

(2)单桩复合地基承载力检测。对 B219-9 号水泥土搅拌桩进行复合地基荷载试验,检测结果复合地基承载力 140kPa,大于设计要求的 130kPa。

(3)取芯无侧限抗压强度试验。B214-7 号桩取芯无侧限抗压强度试验检测 0~8m 强度大于 1MPa,8m 以下小于设计要求的 1MPa。

3)第三次试桩试验方案及结果分析

试桩位于 DK23+450—DK23+480 段,车站左侧围墙至走行轨 2 区间,正线左偏 103.5m。水泥搅拌桩桩长 12m,桩径 0.5m。布置形式采用正方形布置,桩间距为 1.4m。水泥最小掺入量按设计要求为 55kg/m,掺入 SN-201 早强剂,水灰比均为 0.5。水泥搅拌桩设计强度要求:桩体水泥土 28d 龄期无侧限抗压强度不小于 1.0MPa,单桩承载力不小于 78kN,复合地基承载力不小于 130kPa。试验桩施工技术参数见表 2.7,水泥土搅拌桩试桩分布如图 2.11 所示。

表 2.7 试验桩施工技术参数

序号	桩径/mm	桩长/m	每延米水泥用量/(kg/m)	水灰比	提升速度/(cm/min)	工艺
ZDX-57	500	12	70	0.5	100	四搅两喷
ZDX-47	500	12	75	0.5	100	四搅两喷
ZDX-44	500	12	75	0.5	100	六搅两喷
ZDX-56	500	12	70	0.5	100	四搅两喷

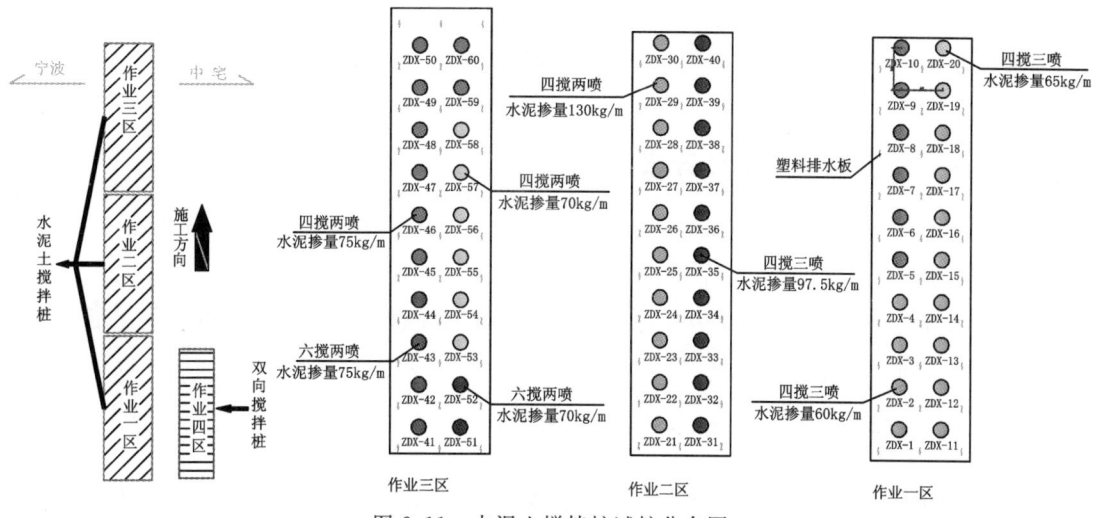

图 2.11 水泥土搅拌桩试桩分布图

(1)单桩竖向抗压承载力检测。单桩竖向抗压承载力测试结果见表 2.8,两根桩的水泥土搅拌的单桩承载力均达到 80kN,大于设计承载力特征值 78kN。

表 2.8 单桩竖向抗压承载力测试结果

桩号	最大加载量/kN	最大沉降量/mm	试验承载力特征值/kN	设计承载力特征值/kN
ZDX-57	160	3.86	80	78
ZDX-47	160	5.98	80	78

(2)单桩复合地基承载力检测(表 2.9)。ZDX-44 和 ZDX-56 水泥土搅拌的复合地基承载力均为 130kPa。

表 2.9 单桩竖向抗压承载力测试结果

桩号	最大加载量/kN	最大沉降量/mm	试验承载力特征值/kN	设计承载力特征值/kN
ZDX-44	260	26.34	130	130
ZDX-56	260	71.65	130	130

(3)取芯无侧限抗压强度试验。ZDX-6 桩(四搅三喷、水泥掺量为 65kg/m)取芯无侧限抗压强度特征值为 1.33MPa,大于设计值 1MPa;ZDX-53 桩(四搅两喷、桩水泥掺量为 70kg/m)取芯进行无侧限抗压强度特征值为 1.26MPa,大于设计值 1MPa。

2.3 软基处理设计方案

2.3.1 软土地基处理设计原则

正线及相邻到发线路堤稳定安全系数:运营期 $K_{min} \geqslant 1.2$,施工期 $K_{min} \geqslant 1.10$;场坪路堤稳定安全系数:考虑荷载 $K_{min} \geqslant 1.15$。

工后沉降控制标准:正线及相邻到发线工后沉降不超过 30cm,路桥过渡段的工后沉降不大于 10cm;场坪工后沉降不大于 30cm。

2.3.2 软土地基处理设计工程措施

(1)站区四周采用高压旋喷桩或双向水泥搅拌桩加固软土地基,以保证整个场地路堤的稳定。双向水泥搅拌桩桩径 0.5m,桩间距 1.2m,正方形布置,桩长 4~19m。旋喷桩桩径 0.6m,桩间距 1.7m,正方形布置,桩长 18~32.5m。两种桩嵌入地层(4)内均不小于 0.5m。

(2)场坪采用塑料排水板联合堆载预压加固软土地基。塑料排水板间距 1.4m,正方形布置,桩嵌入地层(2)底面,堆载预压高度 1.5m。

(3)正线及相邻到发线,集装箱区机走线地段软土地基采用水泥搅拌桩加塑料排水板联合堆载预压加固。水泥土搅拌桩桩径 0.5m,桩间距 1.4m,正方形布置,桩长 4~12m。塑料排水板间距 1.4m,正方形布置,桩嵌入地层(2)底面,堆载预压高度 1.5m。

水泥搅拌桩+塑料排水板地基加固地段二者施工顺序为先施做塑料排水板,后再施工水泥搅拌桩。搅拌桩联合塑料排水板加固平面布置如图 2.12 所示。

软基处理分部区域如图 2.13 所示。

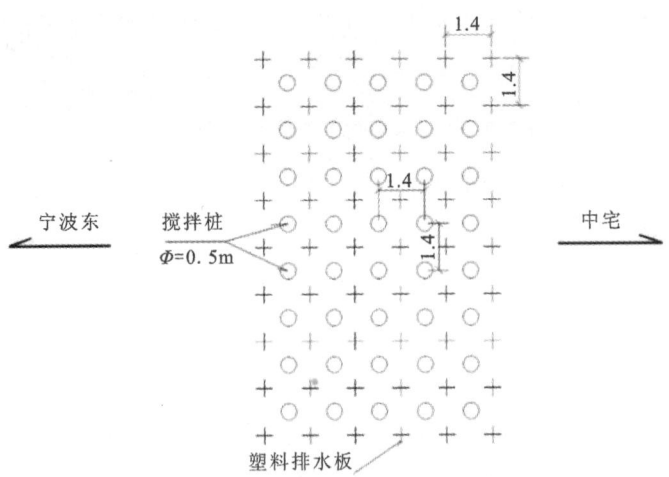

图 2.12 搅拌桩联合塑料排水板加固平面布置图

第 2 章 联合处理技术复合地基的试验研究

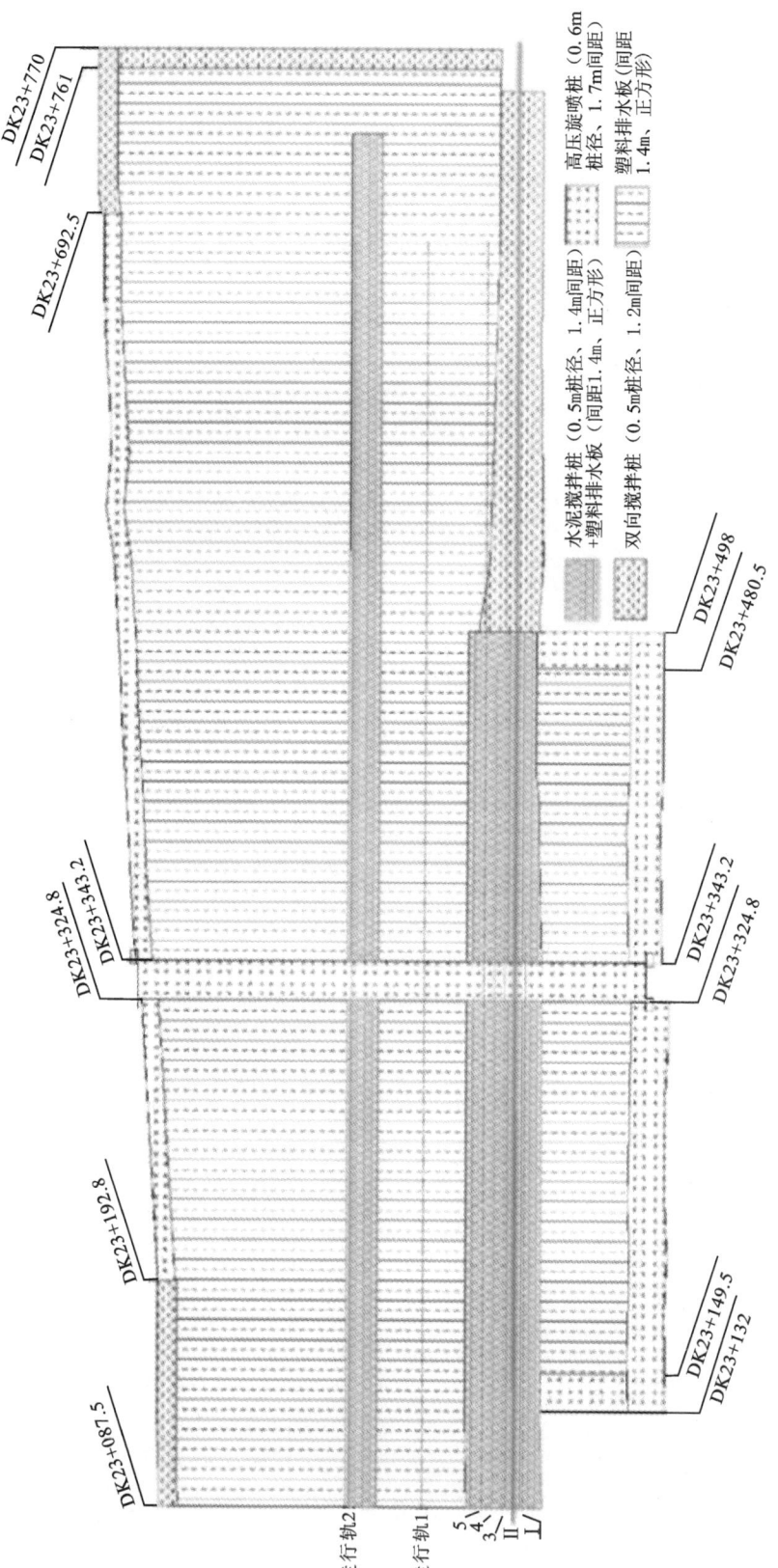

图 2-13 软基处理分布区域

软基地段设计堆载预压是在路基填筑至基床表层成形后再进行预压填土,如图 2.14 和图 2.15 所示。

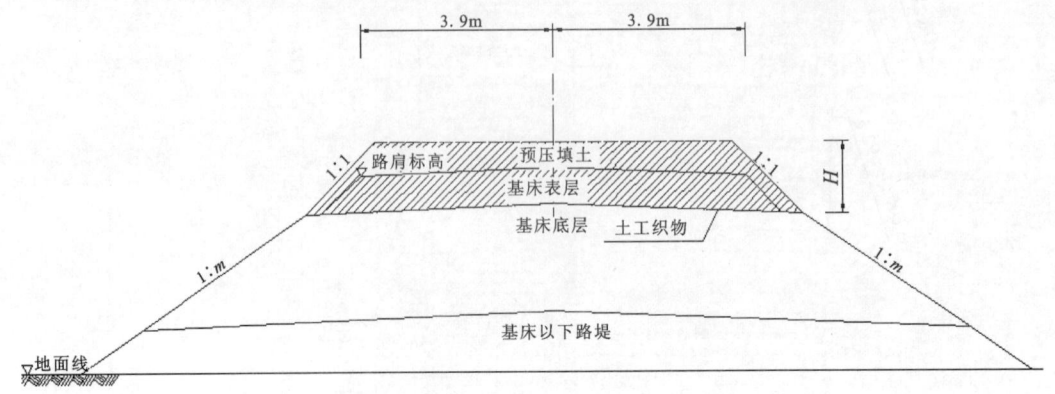

图 2.14 堆载预压处理横断面示意图

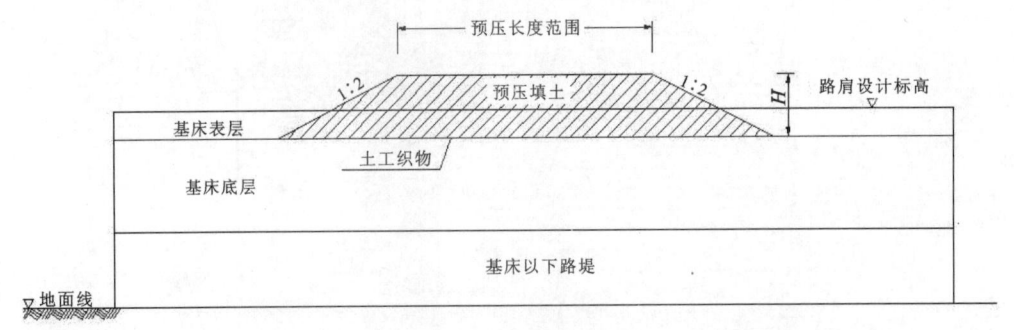

图 2.15 堆载预压处理纵断面设计示意图

2.3.3 施工技术参数

根据试验确定的施工工艺参数如下:机钻进速度为 0.9~1.1m/min;喷浆、提升速度为 1.0~1.1m/min;水泥用量为 60~70kg/m;施工工艺为"四搅两喷";水灰比为 0.5,泥浆比重 1.85~1.95;泵压 1~1.4MPa。

2.4 施工工艺

2.4.1 塑料排水板施工工艺

2.4.1.1 塑料排水板的介绍

塑料排水板品种、规格、质量应符合设计要求,选用型号 C 型,侧压力为 350kPa 时,纵向通水量≥40cm³/s,延伸率为 10%时,整带抗拉强度≥1.5kN/10cm,干态滤膜的抗拉强度

≥30N/cm,试件在水中浸泡24h滤膜渗透系数≥5×10⁻⁴cm/s,滤膜等效孔径<0.075mm。滤膜应紧裹芯板不松皱,塑料排水板进场后要妥善存放,禁止长时间在阳光下暴晒,并保持通风、干燥和远离高温源。

常用的打设塑料排水板的设备有两种形式:一种为履带式插板机,另一种为轨道式插板机(图2.16)。插打过程采用静压或振动的方法。套管插入杆为扁平状,内径大于排水板的尺寸,长度大于排水板的设计长度。套管在打设过程中起到保护排水板不被损坏和导向的作用。

图2.16 塑料排水板施工现场

2.4.1.2 塑料排水板施工流程

塑料排水板通过毛细作用将地基中的水排除,以增加作用于土颗粒的有效应力来加速地基固结沉降,达到提高软土地基强度的目的。排水板施工可控性较强,且成本较低;排水板断面小,对地基扰动性也较小,其施工流程如图2.17所示。

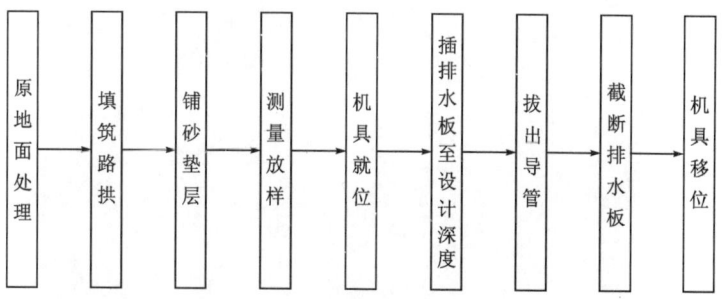

图2.17 塑料排水板施工流程

施工工艺:清理场地,排除积水,并将路基范围内原地面上淤泥、树根、草皮、腐殖土等全部挖除;按要求填筑路拱,碾压密实,铺设30cm砂垫层。①用经纬仪测量放样,定位后,按1.4m间距成正方形布置桩位;②插打机就位后,将塑料排水板通过导管从导管靴穿出,并与桩尖连接后,贴紧导管靴,并对准桩位;③将塑料排水板插至预定深度;④拔出插管;⑤剪断塑料排水板,地面以上预留20~30cm;⑥移位,对桩位四周形成的空隙用砂回填,并将预留的塑料排水板叠埋入砂垫层中。施工工艺流程如图2.18所示。

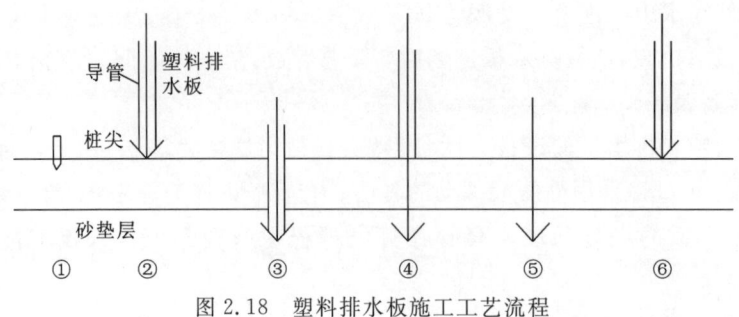

图 2.18 塑料排水板施工工艺流程

2.4.2 水泥搅拌桩施工技术

2.4.2.1 施工工艺

钻机就位后,启动搅拌机匀速喷浆钻进,钻至设计标高后,原地喷浆 0.5min,反循环提钻并喷射水泥浆至设计桩顶以上 50cm 后,重复搅拌下钻并喷水泥浆至设计深度,提升钻杆并第四次喷浆至地面。

2.4.2.2 水泥搅拌桩施工流程

水泥搅拌桩处理软土地基,加固深度一般在 18m 以内。水泥与土拌和后发生一系列的物理化学反应,从而达到加固软土地基的目的。

常用的打设水泥土搅拌桩的深层搅拌机大都采用定量泵输送水泥浆,而深层搅拌机又是转速恒定的,因此灌入地基中的水泥量取决于深层搅拌机的提升速度和复搅拌次数(图 2.19)。

图 2.19 水泥土搅拌桩现场施工照片

施工流程如图 2.20 所示,根据桩位设计平面图进行测量放线,定出每一个桩位,误差要求小于钻机定位,依据放样使钻机定位,钻头正对桩位中心。用经纬仪确定层向轨与搅拌轴垂直,调平底盘,保证桩机主轴倾斜度不大于 1%。待重复搅拌提升到桩体顶部时,关闭喷浆泵,停止搅拌,桩体完成,桩机移至下一桩位重复上述过程。

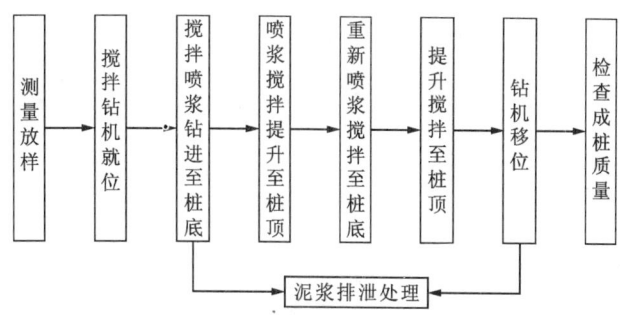

图 2.20 水泥土搅拌桩施工流程

2.5 现场监测方案及结果分析

现场试验共布置了两个测试断面,分别为剖面 1 与剖面 2。两个断面为平行测试,以避免因试验元件损毁、试验元件失灵以及试验数据采集人员操作不当等引起数据采集错误。

2.5.1 现场试验目的与内容

现场试验目的:①通过预先布置的分层沉降管以及沉降板,测得联合地基处理技术复合地基的沉降量,总结沉降变化规律;②通过预先布置的测斜管,测得联合地基处理技术复合地基的水平位移,总结水平位移的变化规律;③通过预先布置的孔隙水压力计,测得联合地基处理技术复合地基的孔隙水压力,总结超孔压的变化规律;④通过预先布置的土压力盒,测得联合地基处理技术复合地基的桩土应力,总结桩土应力比的变化规律。

试验内容:①联合地基处理技术复合地基的沉降监测;②联合地基处理技术复合地基的水平位移监测;③联合地基处理技术复合地基的孔压测试;④联合地基处理技术复合地基的桩土应力测试。

2.5.2 监测点布置

试验段共设置了两个测试断面来进行平行测试,断面位于车站正线上。监测断面测试元件的平面布置如图 2.21 所示。土压力盒共布置 18 个,桩上土压力盒编号分别为 P1、P4、P7、P10、P13 和 P16,桩间土压力盒编号分别为 P2、P3、P5、P6、P8、P9、P11、P12、P14、P15、P17 和 P18;孔隙水压力计共布置 6 组(每组 10 个),编号分别为 W1、W2、W3、W4、W5 和 W6;沉降板布置 6 个,桩上沉降板编号分别为 S2、S3 和 S5,桩间沉降板编号分别为 S1、S4 和 S6;分层沉降管共布置 6 组,分别为 SL1、SL2、SL3、SL4、SL5 和 SL6;测斜管布置 2 根,分别为 T1、T2。

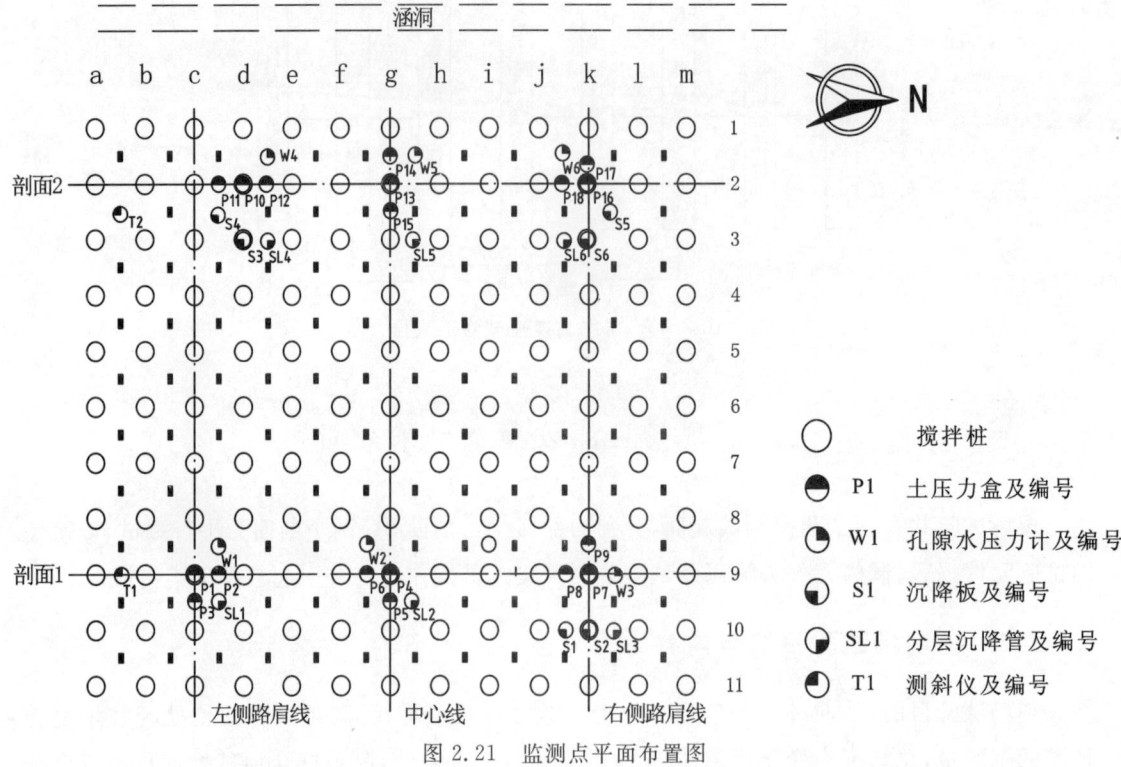

图 2.21 监测点平面布置图

2.5.3 位移监测方案及结果分析

2.5.3.1 位移监测方案

(1)联合地基处理技术复合地基的沉降监测方法。

现场沉降监测采用沉降板与分层沉降管进行。沉降板布置在路基中心线及路肩位置,分别埋设于桩顶、桩间土及垫层顶部;分层沉降管埋设于测试断面路基中心线及路肩位置。布置方案如图2.22所示。

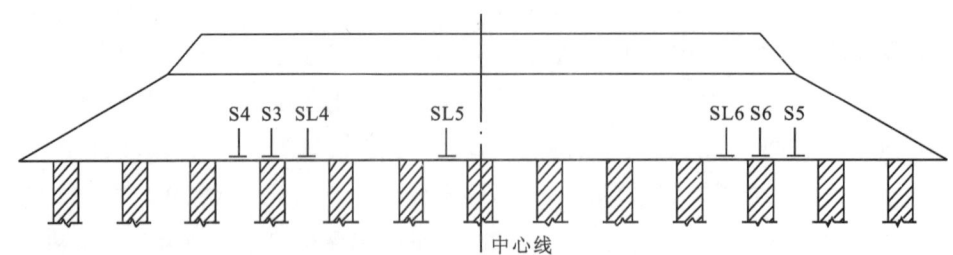

图 2.22 测试断面沉降板及沉降管布置方案

分层沉降管监测:在垫层开始施工前,在观测断面的路堤中心、路肩部位以及坡脚部位对称布设分层沉降管,沿深度每隔约1m布置一个分层沉降环,在土层分界面处布设分层沉降环,采用分层沉降仪观测(图2.23)。分层沉降标采用钻孔埋设,钻孔垂直偏差率不大于1.5%,并无塌孔缩孔存在,遇到松软土层下套管或泥浆护壁,成孔后清孔。分层标埋设先埋置波纹管,第一节波纹管底部封死,至一定深度后,插入导管与波纹管一并压至孔底。埋置时,波纹管与导管随埋随接,接口牢靠。埋设后波纹管露出地面15~20cm,并用水泥混凝土固定。导管外露30~50cm,随填筑增高接出导管并外加保护管,当分层标至孔底定位后,用砂子填塞钻孔孔壁与波纹管之间的空隙。

图 2.23　试验现场分层沉降管

沉降板监测:为了对剖面沉降管测试数据进行校核,在复合地基的桩顶、桩间土埋设沉降板进行桩、土沉降测试。对没有预压荷载的观测断面,选择一排水泥土搅拌桩,在桩顶部位埋设1个沉降板、在桩间土部位埋设1个沉降板(图2.24);对有预压荷载的断面,除在上述位置埋设沉降板外,还要在每个观测断面的路基中心线、路肩部位对称布设沉降板测定路基表面的沉降值。

图 2.24　试验现场沉降板

沉降板在清除表层淤泥后,初填之前埋设。沉降板采用钢板,测杆采用钢管,与沉降板焊为一体,套管为塑料管,必须有足够的刚度与强度;沉降板和测杆保持相互垂直,管节及套管采用丝口连接,埋设前试接良好。随着填筑的增高,测杆与套管也相应接高,每节长度均不超过50cm。接高后的测杆顶面略高于套管上口,套管上口加盖封住管口,避免填料落入管内而影响测杆下沉自由度,盖顶高出碾压面高度50cm。为预防施工时损坏沉降板与测杆,在观测仪器周围用小型夯实机具夯实,套管外侧面涂一层醒目颜色,盖顶加插一面小红旗,以示警戒(图2.25)。

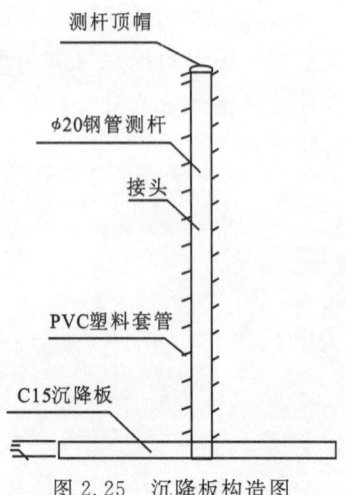

图 2.25 沉降板构造图

(2)联合地基处理技术复合地基的水平位移监测方法。

地基土体水平位移采用测斜管观测(图 2.26)。测斜管采用塑料管,其弯曲性能以适应软土的位移为宜。测斜管内纵向的十字导槽应润滑顺直,管端接口应密合(图 2.27)。测斜管埋设于路堤边坡趾部。埋设时,采用钻机导孔,导孔的垂直偏差率不应大于 1.5%。测斜管底部应进入粉砂层或亚黏土层 100cm。管内的十字导槽必须对准路基的纵横方向。测斜管高出地面 50cm,并加盖保护。

图 2.26 试验现场测斜仪

图 2.27 水平位移现场测试

2.5.3.2 位移测试结果及分析

(1)基底总沉降。

沉降板测得试验段剖面1和剖面2的总沉降数据如表2.10和表2.11所示,总沉降随时间的变化如图2.28、图2.29所示。由图可知:沉降量在加载阶段(填筑),增加最为显著;沉降量在恒载阶段,沉降量仍有增加,但沉降速率变缓。联合地基处理技术复合地基测试过程中,地基土沉降大于桩顶沉降;监测期间,沉降板测得的复合地基最大沉降量为632mm(剖面2,左侧路肩);左侧路肩的沉降量总体上大于右侧路肩沉降量,这是由于右侧路肩临近集装箱装卸线,施工过程中对集装箱装卸线进行了地基处理。

表2.10 地表总沉降测试结果(剖面1)

天数/d	S1沉降量/mm	S2沉降量/mm	天数/d	S1沉降量/mm	S2沉降量/mm
3	17	14	63	219	183
7	32	32	65	227	191
14	52	52	66	239	206
19	75	62	68	258	217
22	85	68	69	270	237
26	92	72	70	286	256
28	95	73	72	312	277
34	105	85	73	330	301
36	113	95	74	356	324
37	117	98	76	365	342
39	129	99	81	404	381
40	129	101	84	430	404
41	136	105	87	443	431
42	139	109	96	477	455
43	138	111	110	509	477
44	142	122	123	526	498
45	147	118	137	543	513
46	151	124	152	554	528
47	155	127	163	562	536
48	156	133	178	569	549
50	166	141	188	575	552
51	174	147	202	587	565
53	182	156	212	593	572

续表 2.10

天数/d	S1 沉降量/mm	S2 沉降量/mm	天数/d	S1 沉降量/mm	S2 沉降量/mm
56	190	163	223	599	580
58	204	170	237	606	586
60	208	172	250	611	590
61	214	175	259	613	592

表 2.11 地表总沉降测试结果(剖面 2)

天数/d	S3 沉降量/mm	S4 沉降量/mm	S5 沉降量/mm	S6 沉降量/mm
3	20	21	22	19
7	36	40	37	37
14	54	63	57	57
19	75	77	80	67
22	82	87	90	73
26	85	95	97	76
28	84	99	100	77
34	97	117	110	89
36	104	130	118	99
37	108	135	122	102
39	111	139	134	104
40	117	141	134	106
41	120	144	141	110
42	123	148	144	111
43	126	152	143	113
44	130	156	147	113
45	132	161	152	115
46	138	165	156	119
47	142	171	161	124
48	145	185	162	137
50	155	194	172	145
51	159	201	179	151
53	174	209	194	160
56	187	215	205	167

续表 2.11

天数/d	S3 沉降量/mm	S4 沉降量/mm	S5 沉降量/mm	S6 沉降量/mm
58	190	222	209	174
60	193	225	213	176
61	198	230	219	179
63	201	240	220	188
65	208	248	232	196
66	218	263	244	211
68	230	285	263	222
69	256	299	275	242
70	269	315	291	263
72	295	331	317	284
73	314	345	334	308
74	324	363	360	329
76	337	380	369	347
81	375	415	408	386
84	408	439	434	409
87	428	465	447	436
96	462	497	481	461
110	490	527	513	483
123	511	546	532	504
137	526	561	549	519
152	541	574	560	535
163	551	583	568	543
178	563	591	577	556
188	570	597	583	559
202	580	606	594	572
212	587	613	600	578
223	594	621	608	586
237	602	624	615	592
250	608	628	620	596
259	611	632	622	598

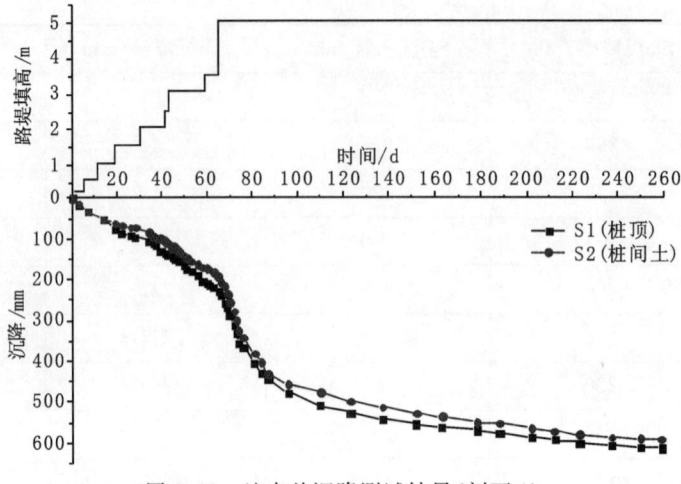

图 2.28　地表总沉降测试结果（剖面 1）

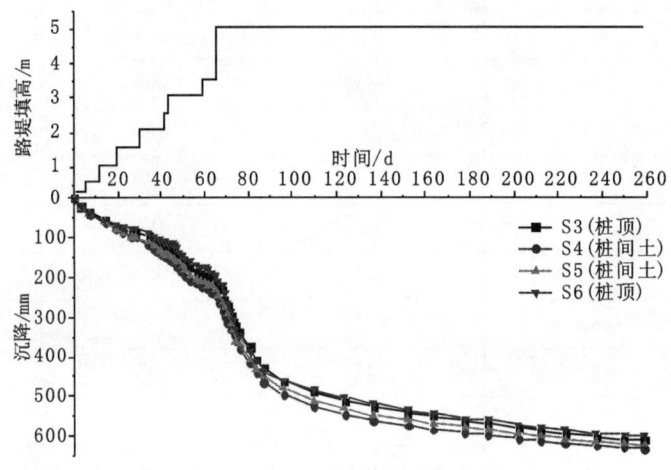

图 2.29　地表总沉降测试结果（剖面 2）

(2)不同深度处地基土沉降。

为验证分层沉降环测试结果的准确性,将测试断面地基左侧路肩处沉降板与左侧路肩处基底位置的分层沉降环测试结果进行对比,如图 2.30、图 2.31 所示。联合处理技术复合地基沉降板与分层沉降管测得的基底总沉降分别为 632mm 和 665mm,两者差值小于 6%,总体变化规律一致。可见断面的沉降板与分层沉降环测试结果吻合良好,表明现场元件埋设与观测工作的误差较小,监测数据是可信的。

剖面 1 和剖面 2 处的地基土深层沉降数据如表 2.12 和表 2.13 所示,地基土深层沉降测试结果如图 2.32、图 2.33 所示。由此两图可知:各监测点的沉降发展规律基本相同,地基土沉降由地表向下呈逐渐减小的趋势,加载阶段的沉降速率快于恒载阶段。

(3)沉降沿深度方向分布规律。

剖面 1 和剖面 2 处试验段地基土沉降沿深度方向的分布规律如图 2.34、图 2.35 所示。由测试结果可知:在 12m 的深度以下,地基土产生了较大的沉降量,这一方面是由于搅拌桩可

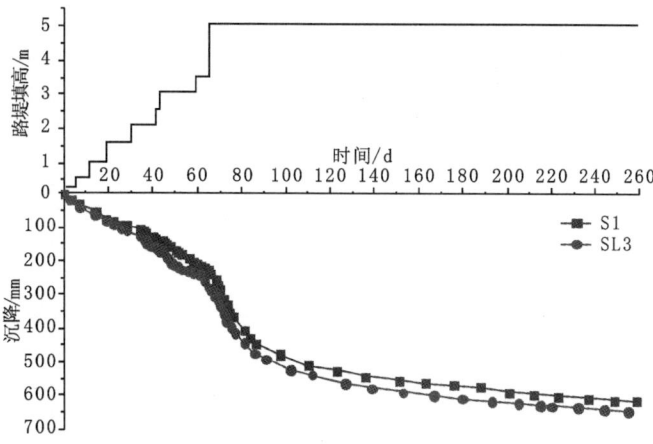

图 2.30　左侧路肩处总沉降测试结果对比（剖面 1）

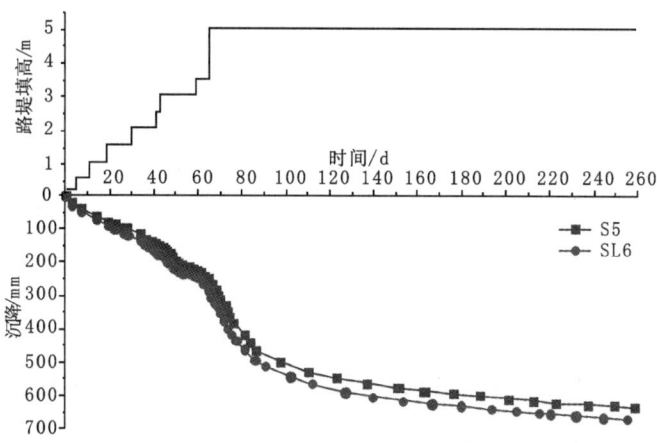

图 2.31　左侧路肩处总沉降测试结果对比（剖面 2）

以将地表荷载向深层传递,从而加大了深层地基土的附加应力；另一方面也表明塑料排水板加快了深层软土的排水固结速率。桩长范围内土体的沉降速率明显快于下卧层。

表 2.12　左侧路肩处总沉降测试结果对比（剖面 1）

堆载天数/d	0m	3m	7m	10m	15m	21m	27m
0	0	0	0	0	0	0	0
3	20	6	2	2	1	1	1
7	41	13	9	5	2	3	2
14	66	39	28	16	9	5	2
19	82	47	33	19	11	6	4
22	94	58	41	24	14	8	5
26	105	64	45	27	15	9	6

续表 2.12

堆载天数/d	0m	3m	7m	10m	15m	21m	27m
28	112	62	47	28	16	9	6
34	128	80	59	35	20	12	8
36	138	84	62	37	19	13	8
37	147	87	63	38	20	13	9
39	153	88	64	37	20	14	9
40	157	96	65	38	20	14	9
41	161	100	66	38	21	14	9
42	167	107	69	40	22	15	9
43	170	110	70	42	23	15	10
44	172	116	75	45	25	17	11
45	180	122	80	44	27	18	11
46	189	128	83	47	28	18	11
47	195	134	85	48	29	18	11
48	207	143	87	49	30	19	12
50	214	147	88	50	30	19	12
51	218	149	90	48	31	20	12
53	226	154	91	49	31	20	12
56	229	161	93	50	29	20	13
58	234	165	95	51	30	21	13
60	237	168	98	53	31	22	14
61	241	175	100	55	32	23	14
63	257	185	103	57	33	23	15
65	277	198	114	64	34	24	15
66	288	210	122	72	37	27	17
68	305	230	136	80	42	30	19
69	318	242	146	86	46	32	21
70	334	257	154	90	49	34	22
72	356	270	168	99	54	35	23

续表 2.12

堆载天数/d	0m	3m	7m	10m	15m	21m	27m
73	380	284	179	105	58	36	24
75	397	302	186	112	62	39	26
77	415	317	196	118	65	41	27
81	443	335	218	129	74	46	31
86	475	352	227	135	77	48	31
90	491	364	234	139	77	48	32
101	523	390	257	153	86	56	35
112	539	407	276	165	93	60	38
127	564	430	292	174	98	63	39
139	577	439	299	180	102	65	41
153	589	447	307	184	105	66	42
167	599	452	308	187	108	67	43
180	608	459	319	191	109	68	43
193	616	462	322	192	111	69	44
205	621	471	327	197	113	68	44
215	626	474	330	198	113	71	45
220	629	475	330	198	114	71	45
232	633	479	333	200	115	72	46
244	640	481	334	201	115	72	46
255	643	482	335	201	115	73	46

表 2.13 不同深度处地基土沉降测试结果(剖面 2)

堆载天数/d	0m	3m	7m	10m	15m	21m	27m
0	0	0	0	0	0	0	0
3	28	8	6	4	2	1	1
7	49	16	11	7	4	3	2
14	74	42	30	18	11	7	5
19	90	50	35	21	13	9	6

续表 2.13

堆载天数/d	0m	3m	7m	10m	15m	21m	27m
22	102	61	43	26	16	11	7
26	113	67	47	29	17	12	8
28	120	70	49	30	18	12	8
34	136	87	61	37	22	15	10
36	146	91	64	39	23	16	10
37	155	94	65	40	24	16	11
39	161	95	66	40	24	17	11
40	165	103	67	41	24	17	11
41	169	107	68	41	25	17	11
42	175	114	71	43	26	18	11
43	178	117	74	45	27	18	12
44	180	123	79	48	29	20	13
45	188	129	84	51	31	21	13
46	197	136	88	54	32	22	14
47	203	142	90	55	33	22	14
48	215	151	92	56	34	23	15
50	222	155	93	57	34	23	15
51	226	159	95	58	35	24	15
53	234	164	96	59	35	24	15
56	237	167	98	60	36	24	16
58	242	175	100	61	37	25	16
60	245	176	103	63	38	26	17
61	249	181	107	65	39	27	17
63	265	195	110	67	40	27	18
65	285	208	121	74	44	28	18
66	302	220	129	79	47	31	20
68	319	240	143	87	52	34	22
69	336	252	153	93	56	36	24

续表 2.13

堆载天数/d	0m	3m	7m	10m	15m	21m	27m
70	352	267	161	98	59	38	25
72	374	282	175	107	64	41	26
73	398	296	186	113	68	42	27
75	415	314	196	120	72	45	29
77	433	329	206	126	75	47	30
81	461	347	228	139	84	52	34
86	493	364	237	145	87	54	36
90	509	373	244	149	89	54	37
101	541	397	267	163	98	62	40
112	563	419	286	175	105	66	43
127	588	442	302	184	110	69	44
139	601	453	312	190	114	71	46
153	613	457	320	195	117	73	47
167	623	467	327	199	120	74	48
180	630	474	332	202	121	75	48
193	638	480	336	205	123	76	49
205	643	486	340	208	125	75	49
215	650	489	343	209	125	78	50
220	653	490	343	209	126	78	50
232	657	494	346	211	127	79	51
244	664	496	347	212	127	79	51
255	665	497	348	212	127	80	51

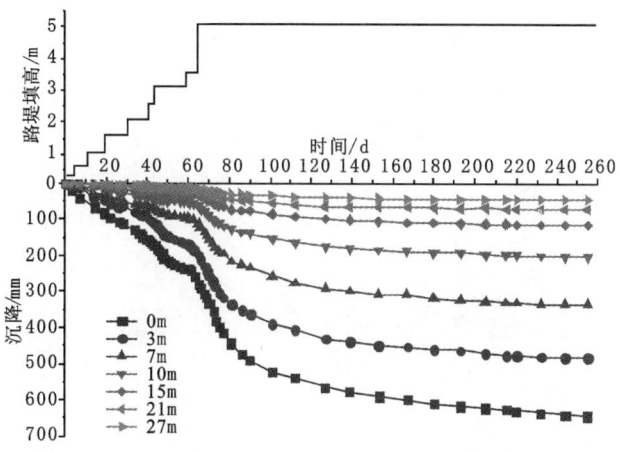

图 2.32 不同深度处地基土沉降测试结果图(剖面 1)

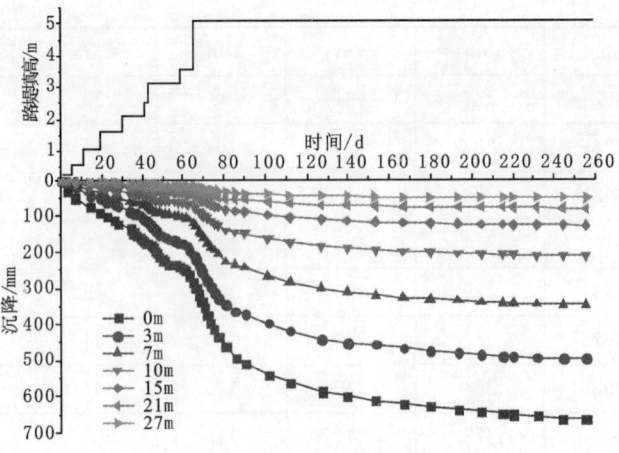

图 2.33 不同深度处地基土沉降测试结果图(剖面 2)

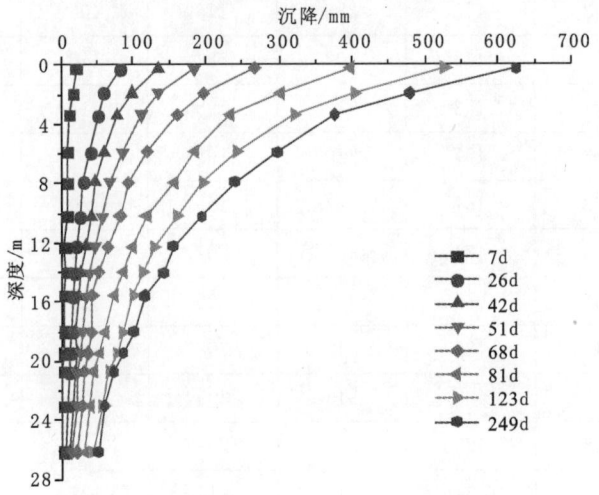

图 2.34 地基土沉降沿深度分布图(剖面 1)

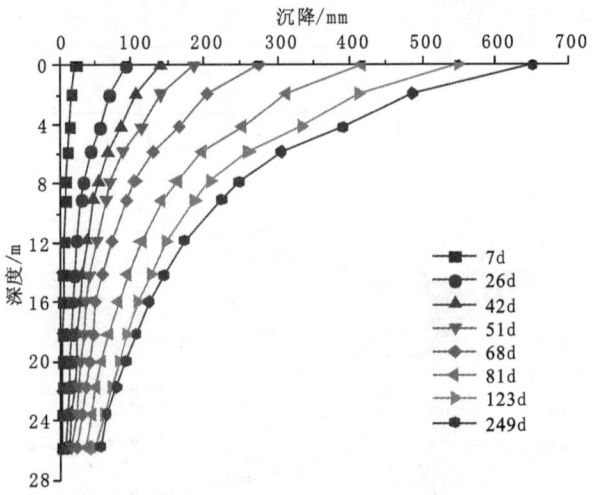

图 2.35 地基土沉降沿深度分布图(剖面 2)

(4)桩土沉降规律对比分析。

剖面1和剖面2处的联合处理技术复合地基沉降数据如表2.14和表2.15所示,联合处理技术复合地基沉降沿路基横断面分布情况如图2.36、图2.37所示。由图可见:荷载作用下地表沉降盆呈"平底锅"的形状,常见的搅拌桩复合地基沉降呈锯齿状交错分布,这表明联合处理技术复合地基桩土沉降更为均匀,横断面各处沉降差异明显小于搅拌桩复合地基,其桩土协同承载能力优于搅拌桩复合地基。

表2.14 地表沉降沿横断面发展规律(剖面1)

平面位置/m	7d	26d	42d	51d	68d	81d	123d	250d
6.595	40	96	149	197	291	446	559	630
10.524	40	104	163	214	307	448	563	648
14.952	32	92	139	174	258	404	526	611
15.715	32	72	106	147	217	381	498	590
16.398	41	105	167	218	305	443	560	641

表2.15 地表沉降沿横断面发展规律(剖面2)

平面位置/m	7d	26d	42d	51d	68d	81d	123d	249d
5.13	40	95	148	201	275	424	561	638
5.868	36	85	118	162	241	384	538	629
6.568	40	96	149	197	291	446	566	640
9.368	41	99	159	211	308	472	571	659
14.952	38	98	150	189	285	458	555	630
15.656	37	76	123	157	248	398	538	619
16.356	37	97	144	188	270	408	548	625

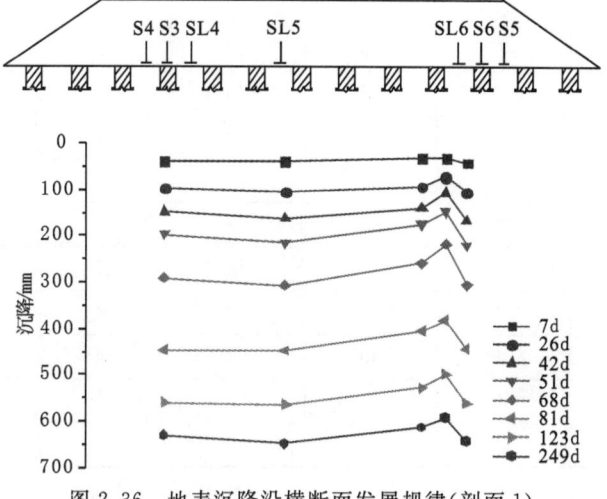

图2.36 地表沉降沿横断面发展规律(剖面1)

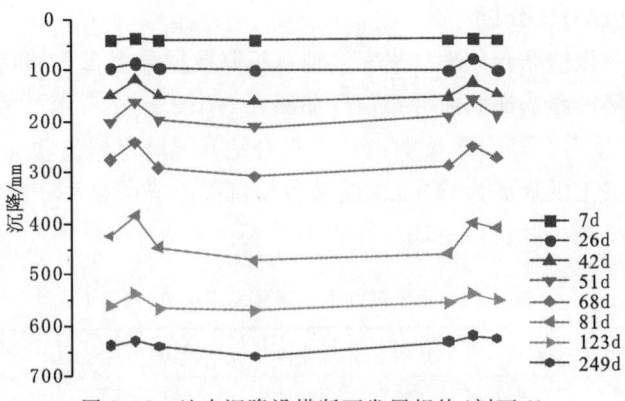

图 2.37 地表沉降沿横断面发展规律(剖面 2)

在联合处理技术复合地基桩顶及桩顶平面内的地基土布置沉降板,两者之间的差值即为桩顶刺入量,剖面 1 和剖面 2 处的桩顶刺入量如表 2.16 和表 2.17 所示,对桩顶刺入量分析,并制成桩顶刺入量随时间及荷载的分布规律如图 2.38、图 2.39 所示。复合地基中,填土初期,桩顶刺入量较大,最大值为 63mm,由图可知:此时复合地基中,地基土被压密,进而下沉使桩顶发生刺入,桩顶产生负摩阻力;地基土承担荷载减小,桩顶承担荷载增加,此阶段地基土承担大部分荷载;填土加载完成,地基土固结阶段,桩顶刺入量总体表现出不断减小的趋势,此时的荷载逐渐向桩顶转移,搅拌桩在填土作用下沉降快速发展,并产生桩底刺入,桩顶刺入量逐渐减小。联合处理技术复合地基中,桩体首先发生桩顶的向上刺入,后期发生桩底刺入;在固结期间,桩顶刺入量不断调整的过程体现了复合地基中桩-土-褥垫层是一个复杂的相互作用体系。

表 2.16 桩顶刺入量变化(剖面 1)

天数	S2	天数	S2	天数	S2	天数	S2
0	0	42	30	63	44	109	34
3	1	43	31	65	46	123	35
7	1	44	32	66	47	136	30
14	3	45	34	68	48	152	26
19	8	46	35	69	48	163	26
21	13	47	35	70	48	176	24
26	18	48	37	72	47	188	23
28	21	50	39	74	48	201	22
34	20	51	39	76	47	214	21
36	23	53	39	78	47	223	19
37	25	56	40	82	44	236	20
39	30	58	39	84	44	249	21
40	28	60	40	89	39	259	21
41	31	61	42	96	37		

表 2.17 桩顶刺入量变化(剖面 2)

天数	S3	S6	天数	S3	S6	天数	S3	S6
0	1	1	47	44	39	82	54	49
3	1	1	48	45	40	84	52	49
7	1	1	50	45	41	89	53	47
14	3	3	51	47	42	96	44	40
19	5	5	53	47	43	109	41	39
21	8	7	56	48	43	123	44	40
26	13	12	58	48	43	136	35	34
28	16	14	60	50	45	152	31	27
34	21	19	61	52	46	163	32	26
36	24	22	63	53	47	176	27	29
37	28	25	65	54	48	188	27	23
39	30	27	66	54	49	201	22	20
40	33	29	68	59	52	214	21	22
41	35	31	69	62	55	223	20	18
42	36	33	70	60	52	236	20	17
43	39	35	72	58	52	249	19	17
44	40	36	74	58	54	259	18	17
45	41	37	76	57	51			
46	42	38	78	57	53			

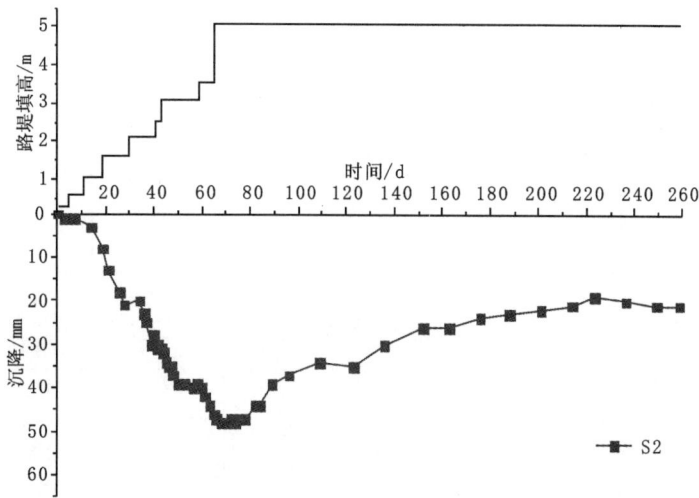

图 2.38 桩顶刺入量变化图(剖面 1)

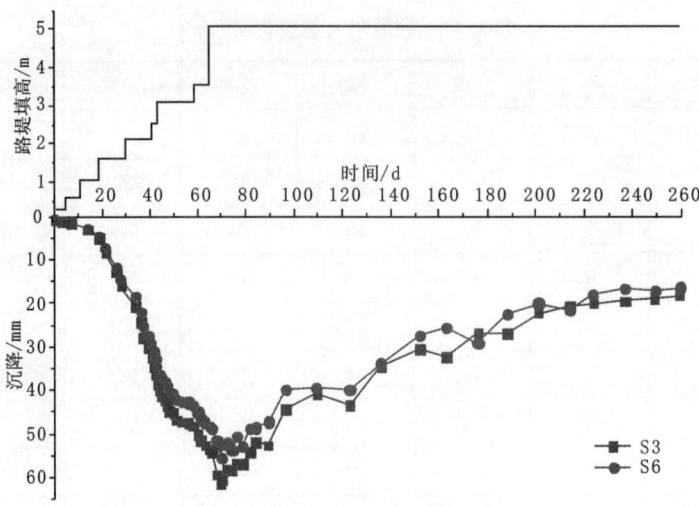

图 2.39 桩顶刺入量变化图(剖面 2)

桩间土压缩量与桩顶刺入量以及桩身压缩量的差值即为桩底刺入量。其中,桩间土压缩量可通过分层沉降管布置于桩顶平面处以及桩底平面处的地基土沉降测试结果得到;桩身压缩量可近似取为桩顶应力与桩身压缩模量的比值。剖面 1 和剖面 2 处的桩底刺入量数据如表 2.18 和表 2.19 所示,对桩底刺入量数据分析,并制成桩底刺入量变化规律如图 2.40、图 2.41 所示,桩底发生了很大的刺入量,最大值为 193mm。

表 2.18 桩底刺入量变化(剖面 1)

天数	S3	天数	S3	天数	S3	天数	S3
0	0	42	11	63	35	110	134
3	0	43	11	65	40	122	146
7	1	44	12	66	43	137	159
14	2	45	13	67	46	151	165
19	3	46	13	68	50	162	170
22	3	47	14	70	53	176	174
26	4	48	15	71	60	188	177
28	4	50	17	74	68	200	180
34	6	51	18	75	76	213	182
36	7	53	21	77	81	225	186
37	8	56	23	80	90	238	187
39	9	58	25	83	95	249	187
40	10	60	27	86	101	257	188
41	10	61	31	96	114		

表 2.19　桩底刺入量变化（剖面 2）

天数	S3	S6	天数	S3	S6	天数	S3	S6
0	0	0	47	19	9	80	110	77
3	1	0	48	20	10	83	119	82
7	1	1	50	22	11	86	130	89
14	2	1	51	24	12	96	149	103
19	3	2	53	27	15	110	159	125
22	3	3	56	29	16	122	166	137
26	4	3	58	31	18	137	172	145
28	4	3	60	33	20	151	175	151
34	8	4	61	37	25	162	177	156
36	9	5	63	41	29	176	180	161
37	11	5	65	44	35	188	183	167
39	12	5	66	49	38	200	185	171
40	13	6	67	52	39	213	187	174
41	14	7	68	56	44	225	189	178
42	14	7	70	59	47	238	191	181
43	15	8	71	71	49	249	193	182
44	16	8	74	82	54	257	193	183
45	17	8	75	90	61			
46	18	8	77	97	66			

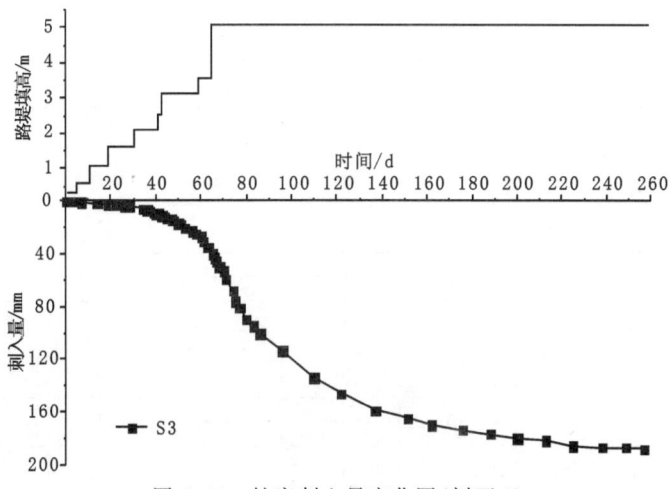

图 2.40　桩底刺入量变化图（剖面 1）

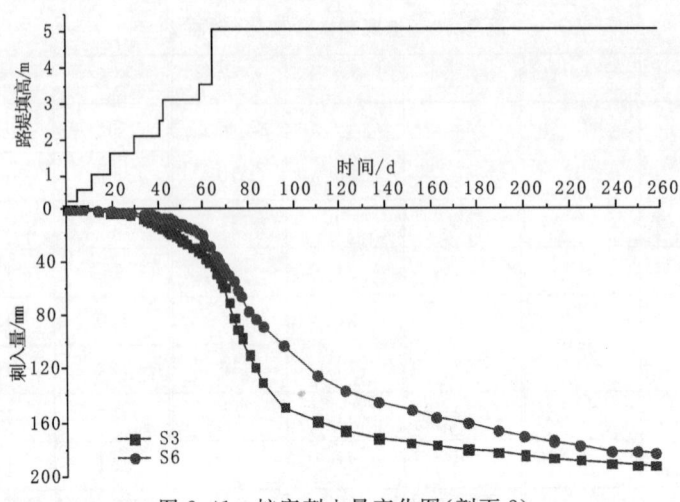

图 2.41 桩底刺入量变化图(剖面 2)

(5)水平位移测试结果。

剖面 1 和剖面 2 坡脚处的水平位移数据如表 2.20 和表 2.21 所示,水平位移沿深度的分布规律如图 2.42、图 2.43 所示。试验段剖面 1 坡脚地基土最大水平位移为 94mm,试验段剖面 2 坡脚地基土最大水平位移为 99mm,均位于地表附近。在搅拌桩长度范围内的曲线斜率较小,搅拌桩桩底以下的土体水平位移相对较大。

表 2.20 水平位移分布规律(剖面 1)

深度/m	7d	28d	42d	51d	68d	81d	121d	249d
0.5	19	27	33	42	51	60	76	94
1	19	27	33	43	52	60	76	94
1.5	18	26	33	42	51	60	75	93
2	17	26	32	41	50	59	74	93
2.5	17	25	32	41	49	58	74	93
3	17	25	33	40	49	58	73	92
3.5	17	25	32	40	48	58	72	91
4	16	24	31	41	48	57	72	91
4.5	16	25	31	40	48	57	72	90
5	16	25	31	40	48	56	72	89
5.5	16	24	31	40	46	56	71	89
6	15	23	29	39	46	55	70	88
6.5	15	24	30	38	46	55	70	88
7	15	23	29	37	46	54	69	87
7.5	15	22	30	37	45	54	69	87

续表 2.20

深度/m	7d	28d	42d	51d	68d	81d	121d	249d
8	14	22	29	37	45	54	68	87
8.5	14	22	29	37	45	54	68	87
9	14	21	28	37	45	55	68	86
9.5	14	22	29	37	46	55	69	86
10	14	22	29	37	47	55	68	85
10.5	15	22	29	38	47	55	68	85
11	15	23	30	38	47	55	68	85
11.5	15	23	30	37	46	54	68	84
12	15	23	30	38	46	54	68	84
12.5	15	23	30	37	45	53	68	82
13	14	23	30	37	45	52	66	81
13.5	14	22	30	37	45	52	66	80
14	14	22	29	36	44	51	64	79
14.5	13	22	28	34	43	50	63	77
15	13	21	27	34	41	49	62	76
15.5	12	20	27	34	40	48	61	73
16	12	19	26	33	40	47	59	72
16.5	12	19	25	32	38	46	57	72
17	12	19	25	32	38	45	58	71
17.5	12	19	24	31	38	45	57	71
18	12	19	24	31	37	45	57	71
18.5	12	19	23	31	37	45	57	71
19	12	18	24	31	37	45	57	71
19.5	12	18	24	31	37	43	57	70
20	12	18	24	31	36	43	56	69
20.5	12	19	23	30	35	42	55	68
21	12	18	23	29	35	41	54	67
21.5	11	17	22	28	33	41	52	66
22	11	17	21	27	32	39	51	64
22.5	11	16	21	27	32	39	50	62
23	11	16	21	27	32	39	50	60

续表 2.20

深度/m	7d	28d	42d	51d	68d	81d	121d	249d
23.5	10	16	20	26	31	38	48	59
24	10	16	20	26	30	37	48	58
24.5	10	15	19	25	29	36	46	56
25	9	14	18	23	28	34	44	53
25.5	9	13	17	22	26	31	40	49
26	8	12	15	20	23	28	37	44
26.5	7	10	13	17	20	25	32	39
27	6	8	11	14	16	20	26	31
27.5	4	6	8	10	12	15	19	23
28	2	3	4	6	7	8	11	13

表 2.21 水平位移分布规律(剖面 2)

深度/m	7d	28d	42d	51d	68d	81d	121d	249d
0.5	21	29	36	46	56	66	82	101
1	20	29	36	46	56	66	82	100
1.5	20	28	36	45	55	65	81	99
2	19	28	35	44	55	65	80	99
2.5	18	27	35	44	53	64	81	98
3	18	27	35	43	53	63	79	98
3.5	18	27	35	43	53	62	79	97
4	17	26	34	44	52	62	79	97
4.5	17	27	34	43	52	63	79	96
5	17	27	34	43	52	62	78	95
5.5	17	26	33	42	50	61	77	95
6	16	25	32	41	50	61	76	95
6.5	16	26	32	41	50	59	76	93
7	16	25	31	40	50	59	75	92
7.5	16	24	32	40	49	59	75	92
8	15	24	31	40	49	59	74	91
8.5	15	24	32	40	49	60	74	91
9	15	23	31	39	49	60	74	91

续表 2.21

深度/m	7d	28d	42d	51d	68d	81d	121d	249d
9.5	15	24	31	40	50	61	75	91
10	16	24	31	40	51	60	75	92
10.5	16	24	32	41	51	60	75	92
11	16	25	33	40	51	60	74	92
11.5	16	25	32	40	50	60	75	90
12	16	25	33	41	50	59	75	90
12.5	16	25	33	40	49	59	74	89
13	16	25	32	40	49	58	72	87
13.5	15	24	32	40	49	58	72	87
14	15	24	32	39	48	56	70	85
14.5	14	24	31	37	46	55	69	83
15	14	23	30	37	44	54	68	81
15.5	13	22	30	37	43	53	66	79
16	13	21	28	35	43	52	64	78
16.5	13	21	27	35	42	50	62	77
17	13	21	27	35	42	50	63	76
17.5	13	20	26	34	41	49	62	75
18	13	20	26	34	41	49	62	75
18.5	13	20	26	34	40	49	62	75
19	13	20	26	34	40	49	62	74
19.5	13	20	26	33	40	48	62	75
20	13	20	26	33	39	47	61	75
20.5	13	20	25	33	38	47	60	73
21	13	20	25	31	38	45	59	72
21.5	12	19	24	30	36	45	57	68
22	12	18	23	29	35	43	55	66
22.5	11	18	22	29	35	43	54	65
23	11	18	22	29	34	42	54	65
23.5	11	17	22	28	33	41	53	63
24	11	17	21	27	33	41	52	62
24.5	11	16	21	26	32	39	50	60

续表 2.21

深度/m	7d	28d	42d	51d	68d	81d	121d	249d
25	10	16	20	25	30	38	48	57
25.5	9	14	18	23	28	35	44	53
26	8	13	16	21	25	31	40	48
26.5	7	11	14	18	22	27	34	41
27	6	9	12	15	18	22	28	34
27.5	4	7	9	11	13	16	21	25
28	2	4	5	6	7	9	11	14

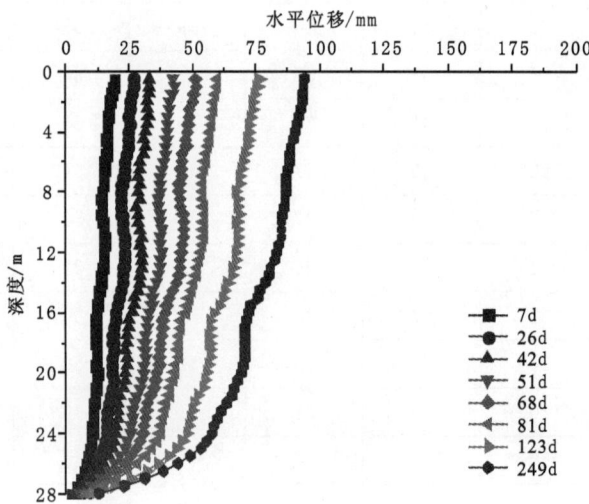

图 2.42 水平位移分布规律（剖面 1）

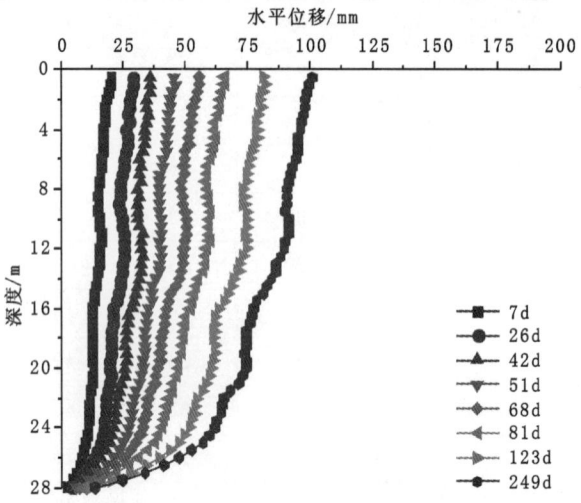

图 2.43 水平位移分布规律（剖面 2）

2.5.4 孔隙水压力测试结果及分析

孔压计埋设于路基中心,左侧路肩及右侧路肩处,埋设位置参见图 2.26,共 3 组,每组 10 个。联合处理技术复合地基测试过程中,所有孔压计读数正常,采集数据历时 250 余天。

2.5.4.1 孔压测试方案

在地基中不同深度、不同地层内埋设孔压计,监测其孔压变化,根据孔隙水压力变化情况,了解土体的固结过程。孔隙水压力计采用钻孔埋设法,埋设时,采用一孔多支压计埋设方法,并应注意封孔。孔隙水压力计选用振弦式仪器。在每个观测断面的路基中心、路肩部位沿深度每隔 3m 埋设一个,共计布设 10 支孔隙水压力计(图 2.44),分孔埋设。钻孔埋设时,做好钻孔的详细记录。每一支孔压计埋设后,及时采用接收器检查孔压计是否正常。

待同一观测断面的全部孔压计埋设后,所有孔压计的外引电缆应编好测点号码,而后集中穿入硬塑料管埋入电缆沟,引出路基外进入观测箱内;在电缆沟旁作好标记,以防施工时截断电缆线。图 2.45 为试验现场孔隙水压力计。

图 2.44 孔隙水压力计

图 2.45 试验现场孔隙水压力计

2.5.4.2 超孔隙水压力测试结果

(1)超孔隙水压力随时间的发展规律。剖面 1 和剖面 2 测试断面的地基土超孔隙水压力数据如表 2.22 和表 2.23 所示,测试断面的超孔隙水压力随荷载及时间的发展规律如图 2.46、图 2.47 所示。由图可知:超孔隙水压力在填土加载期间明显增大,在荷载维持阶段逐渐消散。超载预压时,孔压显著增长,各测点均在超载土方填筑期间达到最大值。

表 2.22 W2 孔压测试结果(剖面 1)

时间	3m	9m	15m	21m	27m
2	0.844	1.123	2.839	1.949	1.7
6	0.8	7.633	10.172	6.542	2.386
8	4.794	6.675	8.05	5.504	5.406
12	7.089	11.433	14.162	9.138	7.824

续表 2.22

时间	3m	9m	15m	21m	27m
15	5.84	10.343	10.755	8.855	6.783
20	10.466	16.775	18.243	13.073	8.463
25	10.806	15.662	15.265	12.622	7.254
31	15.226	21.544	24.846	18.443	16.253
36	13.437	20.684	23.181	17.479	12.526
40	17.32	26.68	30.896	21.744	15.615
42	16.104	25.278	28.558	20.255	14.339
44	21.894	29.982	36.408	25.646	19.612
51	21.544	30.994	35.952	24.848	17.798
57	24.846	34.951	42.254	31.416	23.205
61	24.105	33.736	41.321	31.919	21.945
65	30.959	45.136	58.153	40.087	28.074
68	27.245	38.66	52.06	36.545	25.421
71	24.375	33.684	46.29	31.159	23.104
73	21.81	29.607	43.389	27.227	21.593
75	20.122	26.68	39.687	24.286	19.914
77	18.332	24.352	35.106	22.304	18.537
81	16.408	22.04	31.331	19.277	16.723
87	14.382	19.033	28.091	17.777	13.735
94	12.356	18.243	26.28	16.375	11.552
104	11.141	15.365	22.947	13.845	10.007
120	10.095	12.92	19.072	12.226	8.53
132	9.138	11.929	16.768	11.4	7.556
146	8.508	10.276	14.663	10.739	6.817
163	7.504	9.054	12.659	9.648	5.944
175	6.82	8.194	11.29	9.054	5.239
185	6.111	7.401	10.154	8.03	4.735
200	5.165	6.179	8.718	7.071	3.963
210	4.524	5.618	7.916	6.477	3.325
221	3.748	4.923	6.848	5.815	2.586
235	3.038	4.098	5.979	4.824	1.948
249	2.499	3.469	5.01	3.899	1.612
258	2.06	2.842	4.443	3.305	1.485

表 2.23　W5 孔压测试结果（剖面 2）

时间	3m	9m	15m	21m	27m
2	0.898	1.221	3.053	2.119	1.818
6	0.851	8.297	11.96	7.111	2.552
8	5.1	7.255	8.656	5.983	5.782
12	7.542	12.427	15.228	10.128	8.368
15	6.213	11.242	11.565	9.625	7.255
20	11.134	17.635	20.975	15.336	9.051
25	9.877	17.024	16.414	13.72	7.758
31	16.198	23.812	28.014	21.37	17.383
36	14.295	22.483	24.926	18.999	13.397
40	18.425	29.379	33.222	24.997	16.701
42	17.132	27.476	30.708	22.016	15.336
44	23.292	33.94	39.148	29.128	20.975
51	21.873	33.689	36.85	27.009	19.035
57	26.865	38.825	45.434	36.06	24.818
61	25.644	36.67	43.422	34.695	23.561
65	32.935	49.061	62.53	45.434	30.026
68	28.984	42.022	57.145	39.723	27.188
71	25.931	35.629	52.617	33.869	24.71
73	23.202	32.181	45.254	29.595	23.094
75	21.406	29.666	41.339	26.398	21.298
77	19.502	26.47	37.748	24.243	19.826
81	17.455	23.956	33.689	22.268	17.886
87	15.3	20.688	30.205	19.323	14.69
94	13.145	18.856	26.901	16.737	12.355
104	11.852	16.701	24.674	15.049	10.703
120	10.739	14.043	20.508	13.289	9.123
132	9.769	12.966	18.03	12.391	8.081
146	9.051	11.17	15.767	11.673	7.291
163	8.009	9.841	13.612	10.487	6.357
175	7.255	8.907	12.14	9.841	5.603
185	6.501	8.045	10.918	8.728	5.064

续表 2.23

时间	3m	9m	15m	21m	27m
200	5.495	6.716	9.374	7.686	4.238
210	4.813	6.106	8.512	7.04	3.556
221	3.987	5.351	7.363	6.321	2.766
235	3.232	4.454	6.429	5.244	2.083
249	2.658	3.771	5.387	4.238	1.724
258	2.191	3.089	4.777	3.592	1.588

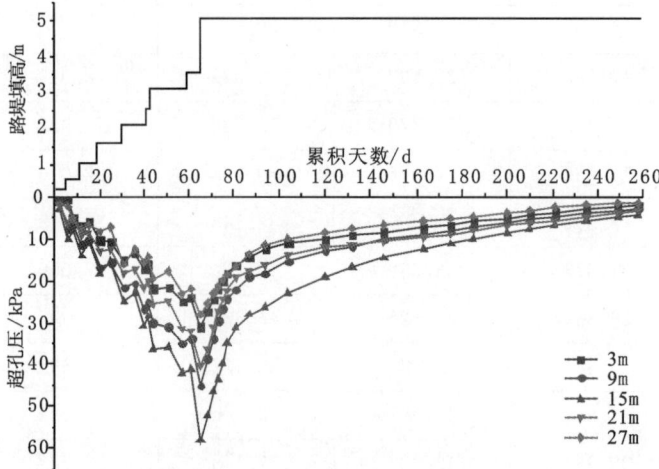

图 2.46　W2 孔压测试结果(剖面 1)

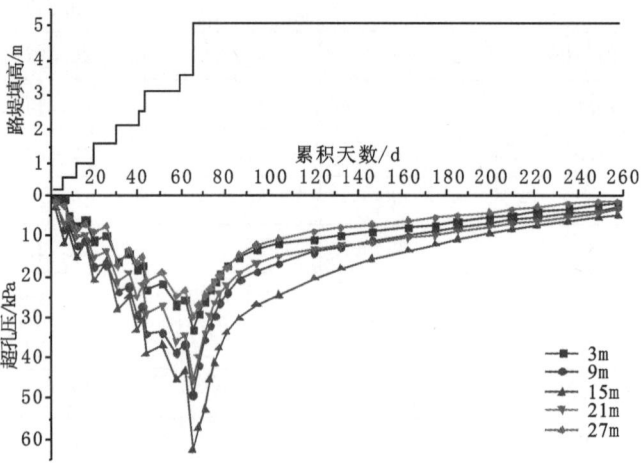

图 2.47　W5 孔压测试结果(剖面 2)

(2)超孔压沿深度分布规律。剖面 1 和剖面 2 处的联合处理技术复合地基超孔隙水压力数据如表 2.24 和表 2.25 所示,超孔隙水压力随深度分布规律如图 2.48、图 2.49 所示。在桩长范围内,超孔隙水压力随深度增大,桩端附近达到最大值,然后随深度减小,至塑料排水板端部附近,超孔隙水压力迅速减小。复合地基内孔压沿深度分布可近似用两段折线来描述。

表 2.24　W2 孔压沿深度分布规律(剖面 1)

深度	7d	26d	42d	51d	68d	81d	123d	249d
3	3.253	6.088	10.319	15.858	22.061	19.501	9.24	3.839
6	5.903	9.943	17.206	24.827	35.049	29.254	14.465	5.286
11	10.344	17.502	27.491	38.11	50.18	44.637	23.899	7.514
13	13.857	22.23	33.08	44.237	57.46	50.631	29.495	10.798
16	11.426	16.687	25.742	33.967	49.232	40.992	22.242	8.181
20	8.628	11.565	19.399	29.388	42.34	35.049	16.199	6.832
22	8.023	10.133	16.858	26.259	38.815	32.546	13.548	5.75
24	6.929	8.874	13.232	20.706	32.805	25.637	11.715	5.213
27	4.757	7.035	9.972	14.427	20.878	16.235	8.597	3.435
30	2.144	4.231	6.886	7.614	9.313	8.514	5.857	2.012

表 2.25　W5 孔压测试结果(剖面 2)

深度	7d	26d	42d	51d	68d	81d	123d	249d
3	3.536	6.546	10.978	17.052	23.721	21.197	9.726	4.173
6	6.416	10.691	18.304	26.696	37.982	32.093	15.226	5.746
11	11.06	19.186	29.118	40.978	52.531	49.843	25.157	7.834
13	15.944	26.019	35.192	48.386	61.785	55.034	31.047	11.737
16	12.598	18.509	26.409	36.833	52.059	42.989	23.413	9.726
20	9.378	12.435	19.761	32.093	46.662	36.443	17.052	7.82
22	8.721	10.896	17.934	28.235	41.737	35.376	14.261	6.525
24	7.531	9.542	14.077	22.264	35.274	27.866	12.332	5.666
27	5.171	7.565	10.609	15.513	22.449	17.647	9.049	3.734
30	2.33	4.549	7.326	8.187	10.014	9.254	6.165	2.187

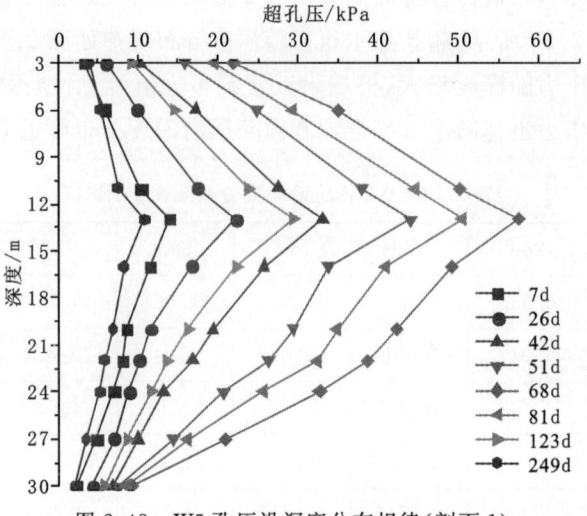

图 2.48　W5 孔压沿深度分布规律(剖面 1)

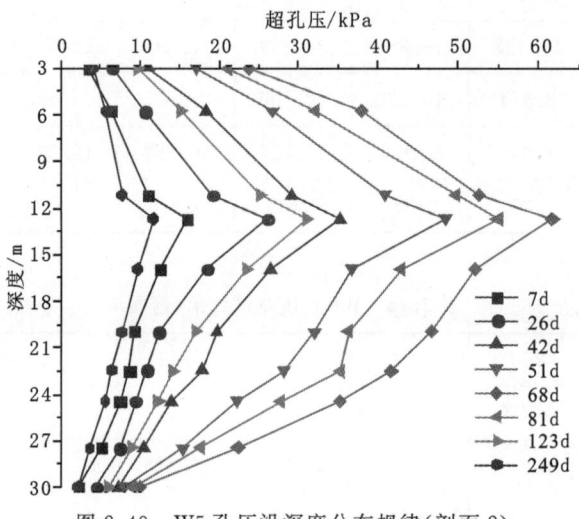

图 2.49　W5 孔压沿深度分布规律(剖面 2)

2.5.5　桩土应力测试分析

2.5.5.1　桩土应力测试方案

在每一个观测断面的桩顶、桩间土位置沿深度在垫层底部、桩顶处埋设土压力盒(图 2.50)进行应力测试,分析桩土荷载分担比例随荷载的变化情况以及褥垫层、桩头对水泥土搅拌桩桩应力扩散的影响。

采用振弦式土压力计,用挖坑法埋设。坑槽底面应平整密实,埋设后的土压力计必须位置正确而稳固,埋设面的修整既要保证接触面平整,又需保证不破坏土体的压实密度,另外角度的控制需要准确。土压计安置于设计位置(图 2.51),采取人工回填方式夯实,需夯实密实且用力均匀。上下四周约 20cm 范围用细砂填实。埋设时每只土压力计外引电缆均应编好测点号码。

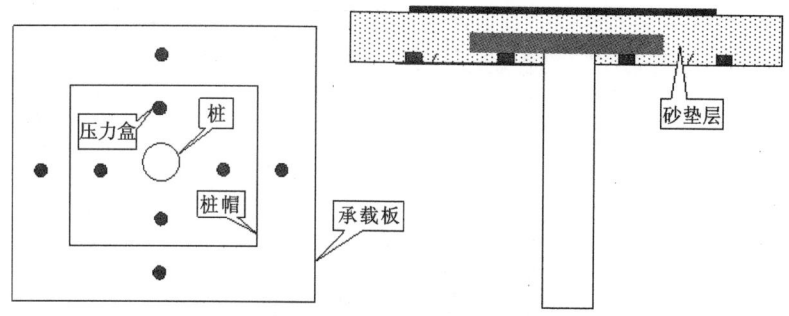

图 2.50 土压力盒的布置示意图

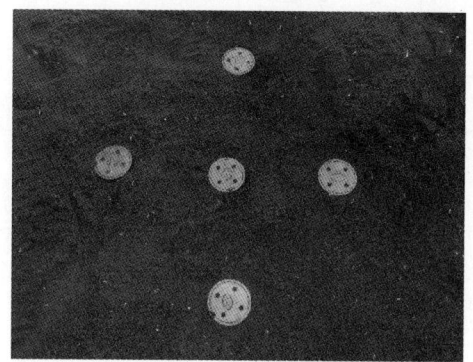

图 2.51 土压力盒的布置图

2.5.5.2 桩土应力测试结果

(1)土压力随荷载及时间发展规律。剖面 1 和剖面 2 处的长板-短桩复合地基土压力数据如表 2.26～表 2.29 所示,复合地基土压力随时间变化规律如图 2.52～图 2.55 所示。在路堤填筑阶段,桩顶土压力与桩间土压力增长速率均较快;路堤施工完成,桩顶土压力随时间明显减少,而桩间土压力变化不大。桩顶土压力减小一方面是因为桩顶压力过大,侧摩阻力的发挥达到极限,桩端应力增大,进而发生桩端刺入变形,导致桩顶应力松弛;另一方面桩间土中设置了塑料排水板,随着孔隙水的排出,桩间土强度明显提高,能更多地承担上部荷载。

表 2.26 桩顶土压力测试结果(剖面 1)

天数	P1	P4	P7	天数	P1	P4	P7
4	0.654	0.809	2.654	77	97.344	118.048	102.252
5	2.992	2.581	5.147	81	101.249	127.453	107.315
8	5.388	6.708	5.709	87	104.608	131.033	115.233
11	7.665	9.543	8.121	90	105.313	131.578	115.868
14	9.259	11.526	9.81	97	101.793	134.488	115.868
19	13.585	16.912	14.393	109	91.169	133.848	110.511

续表 2.26

天数	P1	P4	P7	天数	P1	P4	P7
25	18.441	22.959	19.539	122	78.963	116.771	96.708
30	24.285	30.233	25.731	136	72.225	104.752	88.354
35	28.307	35.24	29.992	148	67.312	96.245	82.179
39	31.571	41.135	33.449	160	62.993	90.938	77.094
42	35.821	44.594	37.953	177	59.072	85.084	73.734
47	39.084	49.762	40.969	188	54.457	82.179	69.739
51	42.86	56.215	47.333	200	50.911	78.295	67.015
59	49.861	65.834	55.21	212	48.527	73.846	63.564
63	55.755	71.464	62.474	222	45.547	71.743	60.204
65	60.84	78.184	67.56	237	42.365	68.812	55.951
68	74.824	95.074	81.62	249	41.063	68.812	54.214
72	83.814	104.608	91.26	259	39.62	68.457	53.899
73	89.989	111.328	95.45				

表 2.27 桩间土压力测试结果(剖面 1)

天数	P2	P6	P8	天数	P2	P6	P8
4	2.624	4.687	6.169	77	25.017	28.309	22.943
5	4.802	6.08	6.123	81	27.14	30.204	25.727
8	5.288	7.928	5.12	87	29.966	31.158	28.694
11	5.742	7.682	5.649	90	32.263	33.031	31.683
14	5.401	6.987	5.144	97	32.077	36.151	34.927
19	7.038	8.098	6.211	109	32.97	42.901	36.616
25	8.052	8.839	7.011	122	32.457	45.289	35.857
30	9.71	10.373	8.274	135	32.329	47.877	35.38
35	10.943	11.727	8.975	148	32.491	46.653	34.779
39	11.804	12.491	9.51	160	32.316	46.209	35.18
42	12.808	13.68	10.317	176	32.97	44.813	35.758
47	13.723	14.425	10.776	188	32.97	44.098	36.095
51	14.625	16.351	12.103	200	32.073	43.621	35.696
59	16.311	17.138	12.893	212	30.681	43.677	34.904
63	17.503	18.811	14.123	222	30.697	43.383	34.979

续表 2.27

天数	P2	P6	P8	天数	P2	P6	P8
65	19.376	19.94	15.127	237	29.672	43.128	33.507
68	21.544	24.627	18.737	249	29.161	44.336	32.169
72	23.36	25.861	20.008	259	28.648	45.427	32.855
73	23.36	27.253	21.007				

表 2.28 桩顶土压力测试结果(剖面 2)

天数	P10	P13	P16	天数	P10	P13	P16
4	0.711	0.87	2.823	77	106.03	130.579	109.948
5	3.252	2.775	5.475	81	111.281	137.046	115.392
8	5.857	7.213	6.073	87	115.121	141.775	119.374
11	8.332	10.261	8.639	90	113.24	144.231	122.175
14	10.064	12.394	10.436	97	106.59	146.183	124.38
19	14.766	18.185	15.312	109	95.638	142.28	116.067
25	20.045	24.687	20.786	122	84.906	126.925	101.985
30	26.397	32.509	27.373	136	77.661	113.861	96.895
35	30.769	37.893	31.906	148	72.378	104.614	89.514
39	34.316	42.262	35.584	160	67.734	98.846	85.781
42	38.936	47.951	40.375	177	63.518	92.483	80.946
47	42.483	52.319	44.053	188	58.556	89.599	80.013
51	49.082	60.446	50.896	200	54.743	85.103	74.68
59	54.197	66.745	56.199	212	52.18	80.267	70.729
63	61.209	75.38	63.47	222	48.975	77.981	66.864
65	67.148	82.695	69.629	237	45.554	74.796	60.162
68	84.636	104.232	87.763	249	44.154	74.796	58.295
72	92.003	113.304	95.402	259	42.602	74.41	57.956
73	98.977	121.893	102.634				

表 2.29 桩间土压力测试结果(剖面 2)

天数	P11	P14	P16	天数	P11	P14	P16
4	2.792	5.04	6.563	77	26.614	30.44	24.407
5	5.108	6.538	6.514	81	28.256	31.287	27.369

续表 2.29

天数	P11	P14	P16	天数	P11	P14	P16
8	5.625	8.525	5.447	87	32.783	31.913	30.526
11	6.109	8.26	6.01	90	34.322	33.622	33.705
14	5.746	7.513	5.472	97	34.529	38.872	37.156
19	7.487	8.708	6.607	109	35.074	46.13	38.953
25	8.566	9.504	7.458	122	34.529	48.18	37.31
30	10.33	11.154	8.802	135	34.393	51.988	38.047
35	11.642	12.61	9.548	148	34.565	50.164	36.999
39	12.557	13.431	10.117	160	34.393	48.72	37.426
42	13.625	14.71	10.976	176	35.074	47.436	38.04
47	14.147	15.511	11.464	188	35.074	47.904	39.002
51	15.559	17.582	12.875	200	34.12	47.588	37.974
59	16.699	18.428	13.716	212	33.712	46.964	37.418
63	18.101	20.227	15.024	222	32.656	46.948	37.212
65	19.491	21.441	16.093	237	31.566	46.374	34.292
68	22.919	26.481	19.933	249	31.022	48.59	34.222
72	24.049	27.807	21.285	259	30.477	48.846	34.952
73	25.092	29.304	22.348				

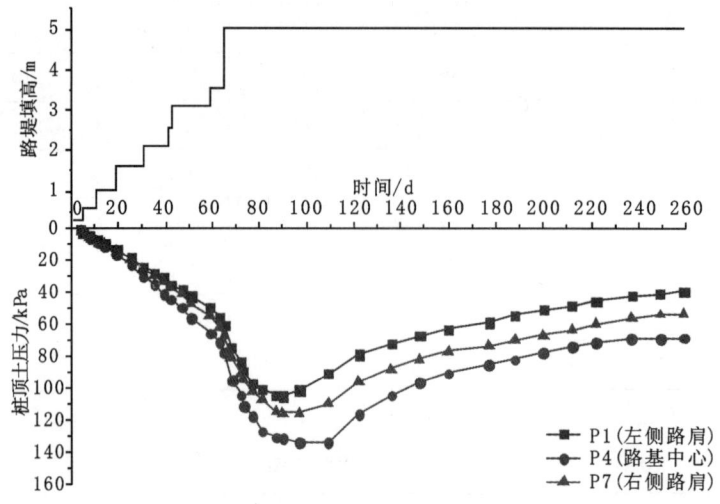

图 2.52 桩顶土压力测试结果（剖面 1）

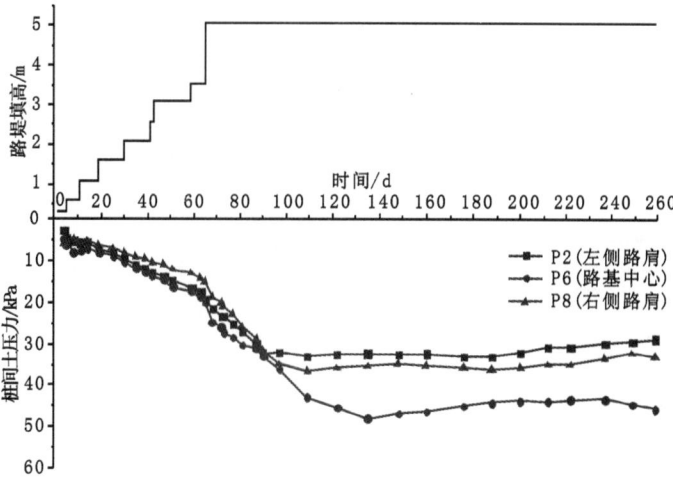

图 2.53 桩间土压力测试结果(剖面 1)

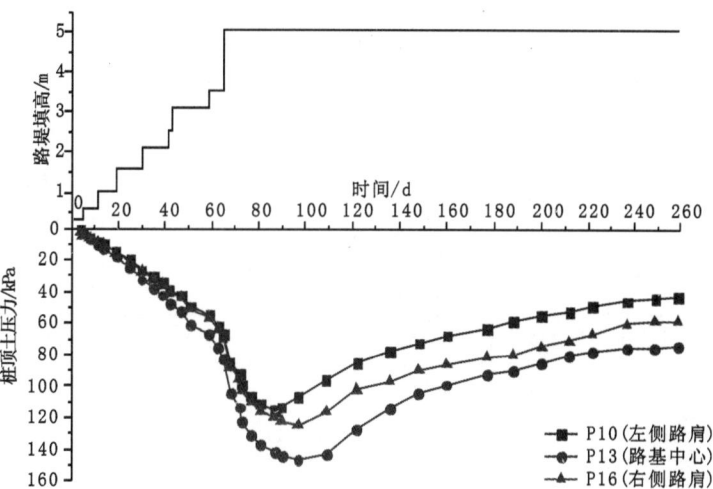

图 2.54 桩顶土压力测试结果(剖面 2)

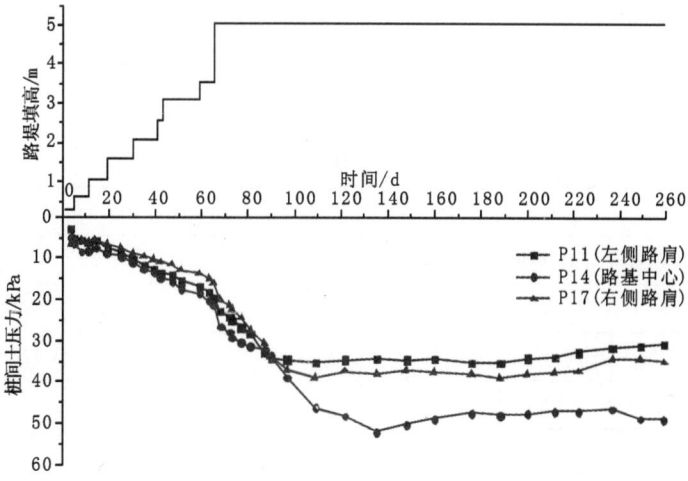

图 2.55 桩间土压力测试结果(剖面 2)

(2)桩土应力比变化规律。剖面1和剖面2处的长板-短桩复合地基桩土应力比数据如表2.30和表2.31所示,复合地基桩土应力比见图2.56、图2.57,路堤填筑期间,桩土应力比的最大值为4.6,路堤填筑完成,长板-短桩复合地基桩土应力比最终趋近于1.4～1.7,说明长板-短桩复合地基协调作用能力更强,沉降也更为均匀。

表2.30 桩土应力比测试结果(剖面1)

天数	P1/P2	P4/P6	P7/P8	天数	P1/P2	P4/P6	P7/P8
4	0.242	0.163	0.409	77	3.704	4.033	4.28
5	0.605	0.399	0.798	81	3.704	4.117	4.005
8	0.989	0.795	1.059	87	3.336	4.182	3.633
11	1.296	1.167	1.365	90	3.212	4.182	3.444
14	1.587	1.551	1.812	97	2.933	3.732	3.203
19	1.91	1.963	2.201	109	2.55	3.048	2.831
25	2.223	2.442	2.648	122	2.336	2.518	2.596
30	2.371	2.74	2.955	136	2.145	2.148	2.42
35	2.511	2.825	3.175	148	1.989	1.96	2.298
39	2.64	2.958	3.341	160	1.871	1.907	2.177
42	2.715	3.064	3.495	177	1.72	1.833	2.068
47	2.881	3.171	3.651	188	1.619	1.758	2.009
51	2.997	3.232	3.755	200	1.524	1.681	1.933
59	3.141	3.478	3.967	212	1.471	1.606	1.796
63	3.243	3.594	4.014	222	1.425	1.561	1.774
65	3.271	3.673	4.111	237	1.371	1.516	1.666
68	3.452	3.7	4.183	249	1.352	1.447	1.618
72	3.635	3.831	4.258	259	1.328	1.432	1.575
73	3.684	3.91	4.278				

表2.31 桩土应力比测试结果(剖面2)

天数	P10/P11	P13/P14	P16/P17	天数	P10/P11	P13/P14	P16/P17
4	0.255	0.173	0.43	77	3.984	4.29	4.505
5	0.637	0.424	0.84	81	3.938	4.38	4.216
8	1.041	0.846	1.115	87	3.512	4.443	3.911
11	1.364	1.242	1.437	90	3.299	4.29	3.625

续表 2.31

天数	P10/P11	P13/P14	P16/P17	天数	P10/P11	P13/P14	P16/P17
14	1.752	1.65	1.907	97	3.087	3.761	3.347
19	1.972	2.088	2.317	109	2.727	3.084	2.98
25	2.34	2.598	2.787	122	2.459	2.634	2.733
30	2.555	2.915	3.11	136	2.258	2.19	2.547
35	2.643	3.005	3.342	148	2.094	2.085	2.419
39	2.733	3.147	3.517	160	1.969	2.029	2.292
42	2.858	3.26	3.679	177	1.811	1.95	2.128
47	3.003	3.373	3.843	188	1.669	1.87	2.051
51	3.155	3.438	3.953	200	1.604	1.788	1.967
59	3.246	3.622	4.097	212	1.548	1.709	1.89
63	3.381	3.727	4.225	222	1.5	1.661	1.797
65	3.445	3.857	4.327	237	1.443	1.613	1.754
68	3.693	3.936	4.403	249	1.423	1.539	1.703
72	3.826	4.075	4.482	259	1.398	1.523	1.658
73	3.945	4.16	4.593				

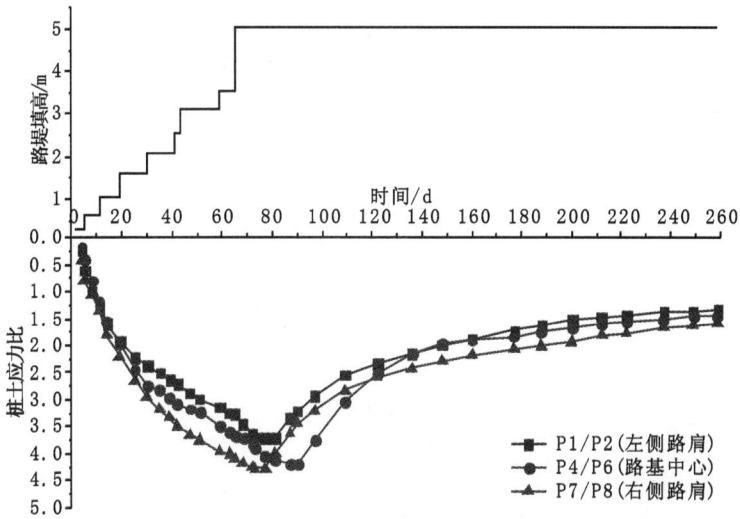

图 2.56 桩土应力比测试结果(剖面 1)

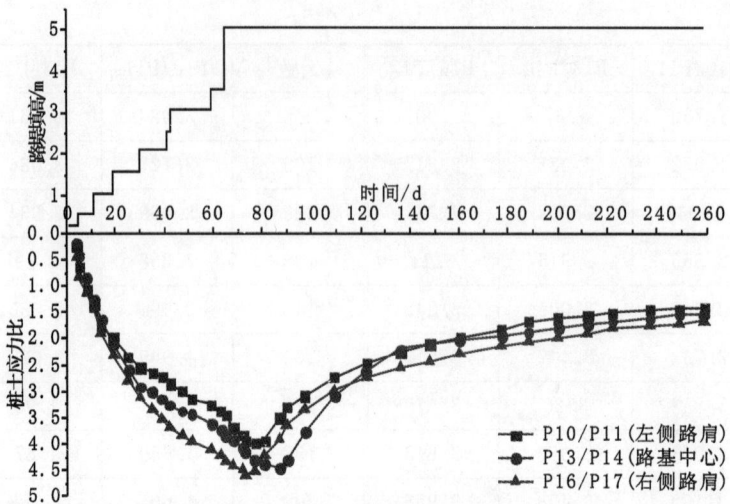

图 2.57 桩土应力比测试结果(剖面 2)

第3章　联合处理技术复合地基的作用机理分析

3.1 概　述

近年来,随着复合地基技术的发展及施工工艺的进一步成熟,复合地基处理技术也呈现由单一桩型向多桩型联合使用的发展趋势,并在工程中得到应用。比如塑料排水板联合粉喷桩复合地基、刚柔性桩复合地基、长板-短桩预压联合法复合地基等。已有研究表明,由于不透水桩的应力集中效应,含有不透水桩的复合地基的固结速率大于天然地基,而排水桩则可以加快土体的固结,减少工后沉降。因此,采用竖向排水系统和加压系统相结合的处理技术在我国沿海等软土地区得到应用。同时,结合不透水桩,既加速了地基土中水的排出,也可以提高地基土的强度。实际工程中采用塑料排水板或者砂井排水时,常采用面积等效原则将多边形转化为圆形区域进行处理,由几何关系可以得到圆形区域的半径和砂井间距的换算公式:

正三角形布置时 $$r_e = l\sqrt{\frac{\sqrt{3}}{2\pi}} = 0.525l \tag{3.1}$$

正方形布置时 $$r_e = l\sqrt{\frac{1}{\pi}} = 0.564l \tag{3.2}$$

式中:r_e 为砂井影响区半径,l 为砂井间距。

3.2 联合处理技术复合地基模型的建立与求解

在复合地基固结理论研究中,一般将排水板等效为透水桩或者竖井,将搅拌桩当作不透水桩进行研究。作为一种组合桩,目前建立的模型主要有两种,主要根据工程中桩体的布置情况(矩形、三角形和密集型三角形等)以面积等效原则换算而得(图 3.1):一种模型 A[图 3.2(a)所示,矩形布置时 $n_p = 1$]是以竖井为中心,周围是 n_p 个不透水桩,水流方向由四周向中心渗流;另一种模型 B[图 3.2(b)所示,例如矩形布置时 $n_d = 1$]是以不透水桩为中心,外围是 n_d 个竖井,水流方向由内向外。但这个模型中仍存在问题:一是模型计算值与现场试验实测值相比,当考虑排除由于施工完成和监测开始的时间间隔引起的沉降差异因素时,二者仍有一定的差异;二是如果严格按照面积等效原则计算,图 3.1(b)的密集三角形布置情况中 n_p 值应为 1/2。因此该模型及其中参数取值仍有待改进。

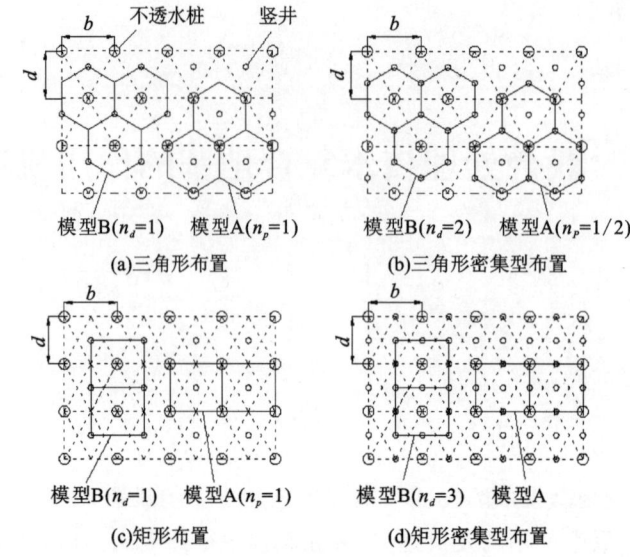

图 3.1 桩、井不同布置方式的等效情况

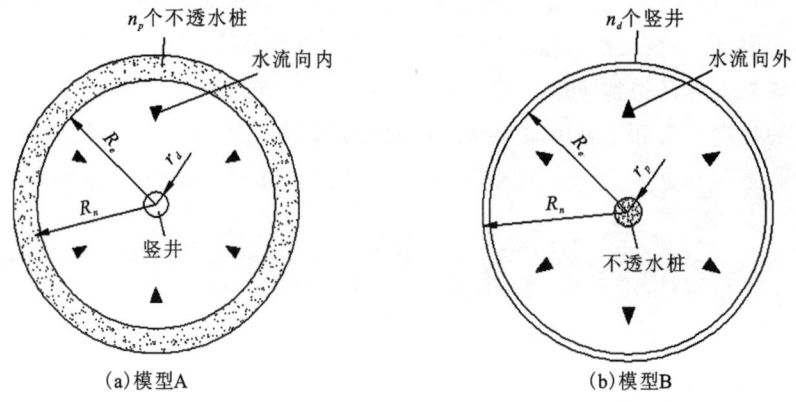

图 3.2 两种解析模型

3.2.1 桩-板共同作用层模型的建立

塑料排水板联合水泥土搅拌桩复合地基可以看作是砂井地基(将塑料排水板看作砂井)和水泥土搅拌桩地基的组合形式。本章将搅拌桩和塑料排水板所处理的土层分开考虑,建立固结模型。如图 3.3 所示,从上至下依次为:搅拌桩和塑料排水板共同作用层、塑料排水板单作用层、下卧层。

关于搅拌桩和塑料排水板共同作用层,采用如下基本假设。

(1)桩体为不透水桩,桩体内不存在超静孔隙水压力。

(2)等应变条件成立,桩体、土体和竖井仅发生竖向变形,土体和竖井的压缩模量相等。

(3)土中既有竖向渗流也有径向渗流,竖井中仅有竖向渗流,且渗流服从 Darcy 定律。

(4)外部荷载 $p(t)$ 是时间的函数,表述为 $p(t)=p_u g(t)$。其中 p_u 是外部荷载的最大值;$g(t)$ 是描述加载过程的时间函数。

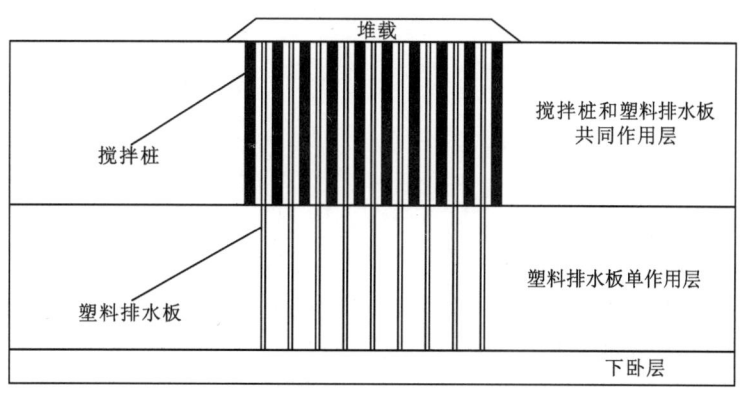

图 3.3 分层模型

(5)土体的竖向渗透系数 k_v 保持不变,水平方向扰动区和未扰动区的渗透系数也保持不变,如图 3.4 所示,可表示为:

$$k_r(r) = k_h f(r) \tag{3.3}$$

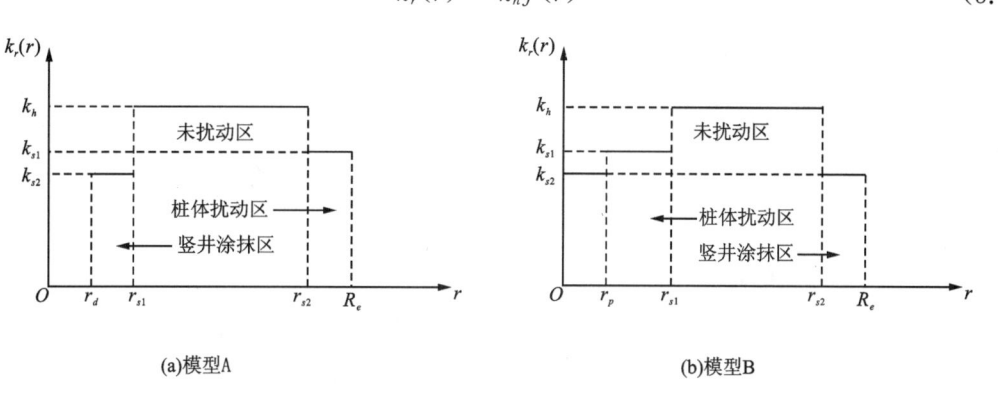

图 3.4 两种模型中桩体和砂井的扰动区

(6)任一时刻从土体流入竖井的水量与从竖井中流出水量之差等于竖井的体积变化量。
对于图 3.2 中的模型 A 和模型 B,由平衡条件有:

$$\bar{\sigma}_p A_p + \bar{\sigma}_s A_s + \bar{\sigma}_d A_d = p(t) A_n \tag{3.4}$$

对于模型 A:$A_p = n_p \pi r_p^2$,$A_d = \pi r_d^2$,$A_s = \pi(R_e^2 - r_d^2)$,$R_e^2 = R_n^2 - n_p r_p^2$;对于模型 B:$A_p = \pi r_p^2$,$A_d = n_d \pi r_d^2$,$A_s = \pi(R_e^2 - r_p^2)$,$R_e^2 = R_n^2 - n_d r_d^2$。由图 3.1 可知,一旦搅拌桩和竖井的布置形状确定,地基单元就划分完成,因此就可以确定 R_n,所以,A_n 和 R_n 分别是地基单元的面积和半径,地基单元的面积由桩体、竖井和土体组成,$A_n = \pi R_n^2 = A_p + A_s + A_d$。$R_e$、$r_p$、$r_d$ 分别是土体外半径、桩体和竖井半径,$\bar{\sigma}_p$、$\bar{\sigma}_d$ 和 $\bar{\sigma}_s$ 分别为桩体、竖井和土体中的总应力,n_p 是模型 A 外边界的等效竖井数目,n_d 是模型 B 外边界等效搅拌桩的数目。

由等应变假设可知:

$$\frac{\bar{\sigma}_d - u_d}{E_d} = \frac{\bar{\sigma}_s - \bar{u}_s}{E_s} = \frac{\bar{\sigma}_p}{E_p} = \varepsilon_z = \varepsilon_V \tag{3.5}$$

式中:E_d、E_s 和 E_p 分别为竖井、土体和桩体的模量;ε_z、ε_V 分别为土体任一深度处的竖向应变和体积应变;u_d 和 $\bar{u}_s$ 分别为任一深度处竖井中的平均孔压和土体内沿径向的平均孔压。

由式(3.4)和式(3.5)可得：

$$\varepsilon_z = \frac{p(t) - \bar{u}}{E_{com}} \tag{3.6}$$

式中：E_{com} 是地基的复合模量；$\bar{u}$ 是地基中任一深度处的平均孔隙水压力。则有：

$$E_{com} = \frac{E_p A_p + E_s A_s + E_d A_d}{A_n} \tag{3.7}$$

本书认为在搅拌桩和塑料排水板共同作用层计算地基中任一深度处的平均超孔隙水压力的时候，由于搅拌桩被视为不透水桩，孔隙水压力为零，因此在计算复合地基中某深度处的平均超孔压的时候，应该扣除掉搅拌桩的面积。则有：

$$\bar{u} = \frac{u_d A_d + \bar{u}_s A_s}{A_d + A_s} \tag{3.8}$$

根据谢康和(1995)的研究，土体的轴对称固结方程统一表示为：

$$\frac{1}{r}\frac{\partial}{\partial r}\left[\frac{k_r(r)}{\gamma_w} r \frac{\partial u_s}{\partial r}\right] + \frac{k_v}{\gamma_w}\frac{\partial^2 \bar{u}_s}{\partial z^2} = -\frac{\partial \varepsilon_V}{\partial t} \tag{3.9}$$

上述平衡方程、等应变方程和固结方程对于模型 A 和模型 B 均成立，下面将根据模型 A 和模型 B 各自的特点分别求解。

对于模型 A，土中的水沿径向由外向内流入竖井，然后再经由竖井向上排出，搅拌桩位于外围且不透水，因此边界条件为：

$$r = R_e, \frac{\partial u_s}{\partial r} = 0 \tag{3.10}$$

竖井和土体界面的孔压相等，则有：

$$r = r_d, u_s = u_d \tag{3.11}$$

选取图 3.5 所示 dz 厚度的竖井内水量变化和体积变化的关系，任意 dt 时间段内竖井内的竖向渗流量 Q_V 和从竖井周围土体流入竖井的水量 Q_{hs} 分别为：

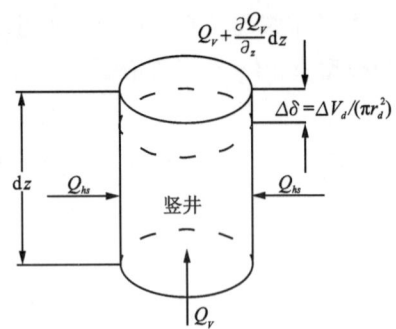

图 3.5 竖井内水量变化和体积变化的关系分析

$$Q_V = Q_V - \left(Q_V + \frac{\partial Q_V}{\partial z}dz\right) = -\frac{k_d}{\gamma_w}\frac{\partial^2 u_d}{\partial z^2}\pi r_d^2 dz dt \tag{3.12}$$

$$Q_{hs} = -2\pi r_d dz dt \left[\frac{k_r(r)}{\gamma_w}\frac{\partial u_s}{\partial r}\right]\bigg|_{r=r_d} \tag{3.13}$$

则在 dt 时间段内竖井内水量的变化量为：

$$\Delta Q_d = Q_V + Q_{hs} = -\frac{k_d}{\gamma_w}\frac{\partial^2 u_d}{\partial z^2}\pi r_d^2 \mathrm{d}z\mathrm{d}t - 2\pi r_d \mathrm{d}z\mathrm{d}t\left[\frac{k_r(r)}{\gamma_w}\frac{\partial u_s}{\partial r}\right]\bigg|_{r=r_d} \quad (3.14)$$

竖井的体积变化量(压缩)可表示为：

$$\Delta V_d = \frac{\partial \varepsilon_V}{\partial t}\pi r_d^2 \mathrm{d}z\mathrm{d}t \quad (3.15)$$

根据假设(6)并结合式(3.14)和式(3.15)可得：

$$-\frac{k_d}{\gamma_w}\frac{\partial^2 u_d}{\partial z^2} - \frac{2}{r_d}\left[\frac{k_r(r)}{\gamma_w}\frac{\partial u_s}{\partial r}\right]\bigg|_{r=r_d} = \frac{\partial \varepsilon_V}{\partial t} \quad (3.16)$$

土体中任一深度处的径向平均孔压可表示为：

$$\bar{u}_s = \frac{1}{\pi(R_e^2 - r_d^2)}\int_{r_d}^{R_e} 2\pi r\, u_s(r,z,t)\mathrm{d}r \quad (3.17)$$

对式(3.9)两边关于 r 积分并利用边界条件式(3.10)，同时将式(3.3)代入，可得：

$$\frac{\partial u_s}{\partial r} = \frac{R_e^2 - r^2}{2rf(r)}\frac{\gamma_w}{k_h}\left(\frac{\partial \varepsilon_V}{\partial t} + \frac{k_v}{\gamma_w}\frac{\partial^2 \bar{u}_s}{\partial z^2}\right) \quad (3.18)$$

对式(3.18)两边再关于 r 积分并利用式(3.11)，可得：

$$u_s = u_d + \frac{\gamma_w}{2k_h}\left(\frac{\partial \varepsilon_V}{\partial t} + \frac{k_v}{\gamma_w}\frac{\partial^2 \bar{u}_s}{\partial z^2}\right)\left[R_e^2 \bar{A}(r) - \bar{B}(r)\right] \quad (3.19)$$

式中：

$$\begin{cases} \bar{A}(r) = \int_{r_d}^{r}\frac{1}{\xi f(\xi)}\mathrm{d}\xi \\ \bar{B}(r) = \int_{r_d}^{r}\frac{\xi}{f(\xi)}\mathrm{d}\xi \end{cases} \quad (3.20)$$

将式(3.19)代入式(3.17)后整理可得：

$$\bar{u}_s = u_d + \frac{R_e^2}{2k_h}\frac{\gamma_w F_c}{}\left(\frac{\partial \varepsilon_V}{\partial t} + \frac{k_v}{\gamma_w}\frac{\partial^2 \bar{u}_s}{\partial z^2}\right) \quad (3.21)$$

式中：F_c 是一个反映地基单元的几何特性和桩、井的扰动效应的综合参数。

$$F_c = \frac{2(R_e^2 \bar{\bar{A}} - \bar{\bar{B}})}{R_e^2(R_e^2 - r_d^2)} \quad (3.22)$$

$$\begin{cases} \bar{\bar{A}} = \int_{r_d}^{R_e} r\,\bar{A}(r)\mathrm{d}r \\ \bar{\bar{B}} = \int_{r_d}^{R_e} r\,\bar{B}(r)\mathrm{d}r \end{cases} \quad (3.23)$$

联立式(3.16)和式(3.18)可得：

$$-\frac{k_d}{\gamma_w}\frac{\partial^2 u_d}{\partial z^2} - N_{ed}^2\frac{\partial \varepsilon_V}{\partial t} = (N_{ed}^2 - 1)\frac{k_v}{\gamma_w}\frac{\partial^2 \bar{u}_s}{\partial z^2} \quad (3.24)$$

式中：$N_{ed} = \dfrac{R_e}{r_d}$。

由式(3.6)可得：

$$\frac{\partial \varepsilon_V}{\partial t} = \frac{1}{E_{\mathrm{com}}}\left(p_u\frac{\mathrm{d}g(t)}{\mathrm{d}t} - \frac{\partial \bar{u}}{\partial t}\right) \quad (3.25)$$

由式(3.8)可得：

$$\bar{u}_s = \frac{\bar{u}(A_d + A_s) - u_d A_d}{A_s} = \frac{N_{ed}^2}{N_{ed}^2 - 1}\bar{u} - \frac{1}{N_{ed}^2 - 1}u_d \tag{3.26}$$

则由式(3.26)可得：

$$\frac{\partial^2 \bar{u}_s}{\partial z^2} = \frac{N_{ed}^2}{N_{ed}^2 - 1}\frac{\partial^2 \bar{u}}{\partial z^2} - \frac{1}{N_{ed}^2 - 1}\frac{\partial^2 u_d}{\partial z^2} \tag{3.27}$$

然后将式(3.25)和式(3.27)代入式(3.24)中，消去变量 $\bar{u}_s$，可得：

$$\frac{k_v - k_d}{\gamma_w}\frac{\partial^2 u_d}{\partial z^2} = \frac{N_{ed}^2 k_v}{\gamma_w}\frac{\partial^2 \bar{u}}{\partial z^2} + \frac{N_{ed}^2}{E_{com}}\left(p_u \frac{\mathrm{d}g(t)}{\mathrm{d}t} - \frac{\partial \bar{u}}{\partial t}\right) \tag{3.28}$$

将式(3.24)和式(3.26)代入式(3.21)，可得：

$$\bar{u} = u_d + C\frac{\partial^2 u_d}{\partial z^2} + \frac{C\gamma_w}{k_d E_{com}}\left(p_u \frac{\mathrm{d}g(t)}{\mathrm{d}t} - \frac{\partial \bar{u}}{\partial t}\right) \tag{3.29}$$

式中：C 为常数，$C = -\dfrac{R_e^2 F_c k_d}{2 N_{ed}^2 k_h}$。

式(3.28)两边对 z 求二阶偏导，得：

$$\frac{k_v - k_d}{\gamma_w}\frac{\partial^4 u_d}{\partial z^4} = \frac{N_{ed}^2 k_v}{\gamma_w}\frac{\partial^4 \bar{u}}{\partial z^4} - \frac{N_{ed}^2}{E_{com}}\frac{\partial^3 \bar{u}}{\partial t \partial z^2} \tag{3.30}$$

将式(3.28)代入式(3.29)，可得：

$$\bar{u} = u_d + G\frac{\partial^2 u_d}{\partial z^2} - C\frac{k_v}{k_d}\frac{\partial^2 \bar{u}}{\partial z^2} \tag{3.31}$$

式中：G 为常数，$G = C\left(1 + \dfrac{k_v - k_d}{k_d N_{ed}^2}\right)$。

式(3.31)分别对 t 求一阶偏导，对 z 求二阶偏导，得：

$$\begin{cases} \dfrac{\partial \bar{u}}{\partial t} = \dfrac{\partial u_d}{\partial t} + G\dfrac{\partial^3 u_d}{\partial t \partial z^2} - C\dfrac{k_v}{k_d}\dfrac{\partial^2 \bar{u}}{\partial z^2} \\ \dfrac{\partial^2 \bar{u}}{\partial z^2} = \dfrac{\partial^2 u_d}{\partial z^2} + G\dfrac{\partial^4 u_d}{\partial z^4} - C\dfrac{k_v}{k_d}\dfrac{\partial^4 \bar{u}}{\partial z^4} \end{cases} \tag{3.32}$$

然后联立式(3.28)、式(3.30)和式(3.32)，消去变量 $\bar{u}$，可得到关于 u_d 变量的偏微分方程：

$$D\frac{\partial^4 u_d}{\partial z^4} + G\frac{\partial^3 u_d}{\partial t \partial z^2} + S\frac{\partial^2 u_d}{\partial z^2} + \frac{\partial u_d}{\partial t} = p_u \frac{\mathrm{d}g(t)}{\mathrm{d}t} \tag{3.33}$$

式中：D、G 和 S 为常数，$D = -C\dfrac{k_v E_{com}}{\gamma_w}$，$S = -\dfrac{E_{com}}{\gamma_w N_{ed}^2}[(N_{ed}^2 - 1)k_v + k_d]$。

式(3.31)和式(3.33)即为模型 A 的控制方程。

对于模型 B，桩体位于单元中心，水流由内向外渗流，桩体不透水，则桩-井界面上的边界条件为：

$$r = r_p, \frac{\partial u_s}{\partial r} = 0 \tag{3.34}$$

竖井-土体界面的孔压相等，则该界面的边界条件为：

$$r = R_e, u_s = u_d \tag{3.35}$$

根据假设(6),参考图 3.5 的推导过程,dt 时间段内由土体流入竖井的水量和流出竖井的流量与竖井体积变化的关系为:

$$-n_d \pi r_d^2 \frac{k_d}{\gamma_w} \frac{\partial^2 u_d}{\partial z^2} + \left[2\pi r \frac{k_r(r)}{\gamma_w} \frac{\partial u_s}{\partial r} \right]\bigg|_{r=R_e} = n_d \pi r_d^2 \frac{\partial \varepsilon_V}{\partial t} \tag{3.36}$$

土体中任一深度处的平均孔隙水压力的定义与模型 A 略有差异:

$$\bar{u}_s = \frac{1}{\pi(R_e^2 - r_p^2)} \int_{r_p}^{R_e} 2\pi r u_s(r,z,t) \mathrm{d}r \tag{3.37}$$

此外模型 B 中的 F_c 与模型 A 也有差别:

$$F_c = \frac{2(r_p^2 \bar{\bar{A}} - \bar{\bar{B}})}{R_e^2 (R_e^2 - r_p^2)} \tag{3.38}$$

$$\begin{cases} \bar{\bar{A}} = \int_{r_p}^{R_e} r \bar{A}(r) \mathrm{d}r \\ \bar{\bar{B}} = \int_{r_p}^{R_e} r \bar{B}(r) \mathrm{d}r \end{cases} \tag{3.39}$$

$$\begin{cases} \bar{A}(r) = \int_{R_e}^{r} \frac{1}{\xi f(\xi)} \mathrm{d}\xi \\ \bar{B}(r) = \int_{R_e}^{r} \frac{\xi}{f(\xi)} \mathrm{d}\xi \end{cases} \tag{3.40}$$

对式(3.9)积分并利用式(3.34)中的边界条件得:

$$\frac{\partial u_s}{\partial r} = \frac{r_p^2 - r^2}{2rf(r)} \frac{\gamma_w}{k_h} \left(\frac{\partial \varepsilon_V}{\partial t} + \frac{k_v}{\gamma_w} \frac{\partial^2 \bar{u}_s}{\partial z^2} \right) \tag{3.41}$$

式(3.41)两边再关于 r 积分并结合式(3.35)得:

$$u_s = u_d + \frac{\gamma_w}{2k_h} \left(\frac{\partial \varepsilon_V}{\partial t} + \frac{k_v}{\gamma_w} \frac{\partial^2 \bar{u}_s}{\partial z^2} \right) \left[r_p^2 \bar{A}(r) - \bar{B}(r) \right] \tag{3.42}$$

式(3.42)代入式(3.37)可得:

$$\bar{u}_s = u_d + \frac{R_e^2 \gamma_w F_c}{2k_h} \left(\frac{\partial \varepsilon_V}{\partial t} + \frac{k_v}{\gamma_w} \frac{\partial^2 \bar{u}_s}{\partial z^2} \right) \tag{3.43}$$

由式(3.36)和式(3.41)可得:

$$-\frac{k_d}{\gamma_w} \frac{\partial^2 u_d}{\partial z^2} - \frac{N_{ed}^2 - N_{pd}^2}{n_d} \left(\frac{\partial \varepsilon_V}{\partial t} + \frac{k_v}{\gamma_w} \frac{\partial^2 \bar{u}_s}{\partial z^2} \right) = \frac{\partial \varepsilon_V}{\partial t} \tag{3.44}$$

式中:$N_{pd} = \dfrac{r_p}{r_d}$。

由式(3.8)和式(3.44)得:

$$\left[\frac{(N_{ed}^2 - N_{pd}^2) k_v A_d}{n_d \gamma_w A_s} - \frac{k_d}{\gamma_w} \right] \frac{\partial^2 u_d}{\partial z^2}$$

$$= \frac{(N_{ed}^2 - N_{pd}^2) k_v}{n_d \gamma_w} \left(1 + \frac{A_d}{A_s} \right) \frac{\partial^2 \bar{u}}{\partial z^2} + \frac{N_{ed}^2 - N_{pd}^2 + n_d}{n_d E_{\mathrm{com}}} \left(p_u \frac{\mathrm{d}g(t)}{\mathrm{d}t} - \frac{\partial \bar{u}}{\partial t} \right) \tag{3.45}$$

将式(3.8)和式(3.44)代入式(3.43)得:

$$\left(1 + \frac{A_d}{A_s} \right) \bar{u} = \left(1 + \frac{A_d}{A_s} \right) u_d + C \frac{\partial^2 u_d}{\partial z^2} + \frac{C \gamma_w}{k_d E_{\mathrm{com}}} \left(p_u \frac{\mathrm{d}g(t)}{\mathrm{d}t} - \frac{\partial \bar{u}}{\partial t} \right) \tag{3.46}$$

式中：C 为常数，$C = -\dfrac{k_d n_d R_e^2 F_c}{2k_h(N_{ed}^2 - N_{pd}^2)}$。

将式(3.45)代入式(3.46)可得：

$$\bar{u} = u_d + G\frac{\partial^2 u_d}{\partial z^2} - \frac{Gk_v(A_s + A_d)}{k_d A_s + k_v A_d}\frac{\partial^2 \bar{u}}{\partial z^2} \tag{3.47}$$

式中：$G = C\dfrac{(N_{ed}^2 - N_{pd}^2)(k_d A_s + k_v A_d)}{k_d(N_{ed}^2 - N_{pd}^2 + n_d)(A_s + A_d)}$。

联立式(3.45)和式(3.47)，消去变量 $\bar{u}$ 可得：

$$D\frac{\partial^4 u_d}{\partial z^4} + G\frac{\partial^3 u_d}{\partial t \partial z^2} + S\frac{\partial^2 u_d}{\partial z^2} + \frac{\partial u_d}{\partial t} = p_u\frac{\mathrm{d}g(t)}{\mathrm{d}t} \tag{3.48}$$

式中：
$$\begin{cases} S = -\dfrac{E_{\mathrm{com}}}{\gamma_w(N_{ed}^2 - N_{pd}^2 + n_d)}\left[(N_{ed}^2 - N_{pd}^2)k_v + n_d k_d\right] \\ D = -C\dfrac{k_v E_{\mathrm{com}}}{\gamma_w}\dfrac{(N_{ed}^2 - N_{pd}^2)}{(N_{ed}^2 - N_{pd}^2 + n_d)} \end{cases} \tag{3.49}$$

则式(3.47)和式(3.48)即为模型 B 的控制方程。模型 A 和模型 B 的控制方程虽然形式相同，但其中的参数存在差别，现将它们整理成表 3.1。

表 3.1 模型 A 和模型 B 求解方程中的参数

参数	模型 A	模型 B
C	$-\dfrac{R_e^2 F_c}{2 N_{ed}^2}\dfrac{k_d}{k_h}$	$-\dfrac{n_d R_e^2 F_c}{2(N_{ed}^2 - N_{pd}^2)}\dfrac{k_d}{k_h}$
D	$-C\dfrac{k_v E_{\mathrm{com}}}{\gamma_w}$	$-C\dfrac{k_v E_{\mathrm{com}}}{\gamma_w}\dfrac{N_{ed}^2 - N_{pd}^2}{N_{ed}^2 - N_{pd}^2 + n_d}$
G	$C\left(1 + \dfrac{k_v - k_d}{N_{ed}^2 k_d}\right)$	$C\dfrac{(N_{ed}^2 - N_{pd}^2)(k_d A_s + k_v A_d)}{(N_{ed}^2 - N_{pd}^2 + n_d)(A_s + A_d)k_d}$
S	$-\dfrac{E_{\mathrm{com}}}{\gamma_w N_{ed}^2}\left[(N_{ed}^2 - 1)k_v + k_d\right]$	$-\dfrac{E_{\mathrm{com}}}{\gamma_w(N_{ed}^2 - N_{pd}^2 + n_d)}\left[(N_{ed}^2 - N_{pd}^2)k_v + n_d k_d\right]$
A_d	πr_d^2	$n_d \pi r_d^2$
A_p	$n_p \pi r_p^2$	πr_p^2
A_s	$\pi(R_e^2 - r_d^2)$	$\pi(R_e^2 - r_p^2)$
R_e^2	$R_n^2 - n_p r_p^2$	$R_n^2 - n_d r_d^2$

3.2.2 桩-板共同作用层方程的求解

3.2.2.1 任意荷载下的解答

(1)孔压解答。

在初始时刻，外部荷载由地基单元内的平均孔压承担，即初始条件为：

$$t = 0, \bar{u}(z, 0) = p(t = 0) = p_0 \tag{3.50}$$

假设复合地基顶面排水，底面不排水，则竖向边界条件为：

$$\begin{cases} z=0, \bar{u}(z,t)=0, u_d(z,t)=0 \\ z=H, \dfrac{\partial \bar{u}(z,t)}{\partial z}=0, \dfrac{\partial u_d(z,t)}{\partial t}=0 \end{cases} \tag{3.51}$$

式(3.33)和式(3.48)均为四阶线性非齐次方程,求解过程可首先采用分离变量法求解对应的齐次方程的通解,再求解非齐次方程的一个特解,然后由叠加原理即可得到原方程的通解。参考卢萌盟(2009)给出的解答,在其研究的基础上考虑改变连续假设,得到的控制方程即式(3.33)和式(3.48),与原文中类似,仅有参数具体取值不一样,令其中的 $W=1$,可以得到任一荷载下竖井、土体以及地基单元内任一时刻任一深度处的平均孔压为:

$$u_d = \sum_{m=1}^{\infty} \frac{2\varphi_m}{M} \left[p_0 \, e^{-\beta_m t} + p_u \, e^{-\beta_m t} \int_0^t \frac{\mathrm{d}g(\tau)}{\mathrm{d}\tau} e^{\beta_m \tau} \mathrm{d}\tau \right] \sin\left(\frac{M}{H}z\right) \tag{3.52}$$

$$\bar{u}_s = \sum_{m=1}^{\infty} \frac{2\varphi_m}{M} \left[1 - C\left(\frac{M}{H}\right)^2\right] \left[p_0 \, e^{-\beta_m t} + p_u \, e^{-\beta_m t} \int_0^t \frac{\mathrm{d}g(\tau)}{\mathrm{d}\tau} e^{\beta_m \tau} \mathrm{d}\tau \right] \sin\left(\frac{M}{H}z\right) \tag{3.53}$$

$$\bar{u} = \sum_{m=1}^{\infty} \frac{2}{M} \left[p_0 \, e^{-\beta_m t} + p_u \, e^{-\beta_m t} \int_0^t \frac{\mathrm{d}g(\tau)}{\mathrm{d}\tau} e^{\beta_m \tau} \mathrm{d}\tau \right] \sin\left(\frac{M}{H}z\right) \tag{3.54}$$

式中:

$$\begin{cases} M = \dfrac{2m-1}{2}\pi, m=1,2,3,\cdots \\ \beta_m = \dfrac{D\left(\dfrac{M}{H}\right)^4 - S\left(\dfrac{M}{H}\right)^2}{1-G\left(\dfrac{M}{H}\right)^2} \\ \varphi_m = \left[1-G\left(\dfrac{M}{H}\right)^2\right]^{-1} \end{cases} \tag{3.55}$$

(2)复合地基固结度的解答。

按应力定义的固结度:由于考虑了桩、土的共同作用,所以定义复合地基的固结度也将桩体的固结考虑其中,任意时刻复合地基按应力定义的总平均固结度为:

$$U_p = \frac{\int_0^H [p(t)-\bar{u}]\mathrm{d}z}{\int_0^H p_u \mathrm{d}z} = g(t) - \sum_{m=1}^{\infty} \frac{2}{M^2}\left(\frac{p_0}{p_u} e^{-\beta_m t} + e^{-\beta_m t}\int_0^t \frac{\mathrm{d}g(\tau)}{\mathrm{d}\tau}e^{\beta_m \tau}\mathrm{d}\tau\right) \tag{3.56}$$

按照变形定义的固结度:复合地基的固结度如果按照变形定义则为任一时刻地基的固结沉降和最终的固结沉降之比,即:

$$U_s = \frac{S_t}{S_\infty} \tag{3.57}$$

式中:S_t 和 S_∞ 分别为复合地基任一时刻和最终的固结沉降。

结合式(3.7)和式(3.25),复合地基任一时刻的固结沉降可以表示为:

$$S_t = \int_0^H \varepsilon_z \mathrm{d}z = \frac{1}{E_{\mathrm{com}}} \int_0^H [p(t)-\bar{u}]\mathrm{d}z \tag{3.58}$$

将式(3.54)代入,可得:

$$S_t = \frac{1}{E_{\mathrm{com}}}\left[\int_0^H p(t)\mathrm{d}z - \int_0^H \bar{u}\mathrm{d}z\right] \tag{3.59}$$

$$\begin{cases} \bar{\bar{A}} = r_d^2 \Pi \\ \bar{\bar{B}} = r_d^4 \Lambda \end{cases} \tag{3.70}$$

其中,

$$\begin{cases} \Pi = \dfrac{s_1^2}{2\alpha_1}\ln s_1 - \dfrac{s_1^2-1}{4\alpha_1} + \dfrac{s_2^2-s_1^2}{2}\left(\dfrac{\ln s_1}{\alpha_1} - \dfrac{1}{2}\right) + \dfrac{s_2^2}{2}\ln\dfrac{s_2}{s_1} + \\ \qquad \left(\dfrac{\ln s_1}{\alpha_1} + \ln\dfrac{s_2}{s_1}\right)\dfrac{n^2-s_2^2}{2} + \dfrac{n^2}{2\alpha_2}\ln\dfrac{n}{s_2} - \dfrac{n^2-s_2^2}{4\alpha_2} \\ \Lambda = \dfrac{1}{2\alpha_1}\left(\dfrac{s_1^2-1}{2}\right)^2 + \dfrac{s_2^2-s_1^2}{2}\left(\dfrac{s_1^2-1}{2\alpha_1} + \dfrac{s_2^2-s_1^2}{4}\right) + \dfrac{n^2-s_2^2}{2}\left(\dfrac{s_1^2-1}{2\alpha_1} + \dfrac{s_2^2-s_1^2}{2} + \dfrac{n^2-s_2^2}{4\alpha_2}\right) \end{cases} \tag{3.71}$$

最后将式(3.70)和式(3.71)代入式(3.22)可得:

$$F_c = \dfrac{2(R_e^2 r_d^2 \Pi - r_d^4 \Lambda)}{R_e^2(R_e^2 - r_d^2)} = \dfrac{2(n^2\Pi - \Lambda)}{n^2(n^2-1)} \tag{3.72}$$

(2)模型 B。在模型 B 中,(r_p, r_{s1}) 为一根搅拌桩的扰动区,(r_{s2}, R_e) 为 n_d 个竖井的扰动区,其 $f(r)$ 可以表示为:

$$f(r) = \begin{cases} \alpha_1, r_p \leqslant r \leqslant r_{s1} \\ 1, r_{s1} < r \leqslant r_{s2} \\ \alpha_2, r_{s2} < r \leqslant R_e \end{cases} \tag{3.73}$$

式中:$\alpha_1 = \dfrac{k_{sp}}{k_h}$;$\alpha_2 = \dfrac{k_{sd}}{k_h}$。

将式(3.73)代入式(3.40),可得:

$$\bar{A}(r) = \begin{cases} \dfrac{1}{\alpha_1}\ln\dfrac{r}{r_{s1}} - \ln\dfrac{s_2}{s_1} - \dfrac{1}{\alpha_2}\ln\dfrac{n}{s_2}, r_p \leqslant r \leqslant r_{s1} \\ \ln\dfrac{r}{r_{s2}} - \dfrac{1}{\alpha_2}\ln\dfrac{n}{s_2}, r_{s1} < r \leqslant r_{s2} \\ \dfrac{1}{\alpha_2}\ln\dfrac{r}{R_e}, r_{s2} < r \leqslant R_e \end{cases} \tag{3.74}$$

$$\bar{B}(r) = \begin{cases} \dfrac{r^2-r_{s1}^2}{2\alpha_1} - \dfrac{r_{s2}^2-r_{s1}^2}{2} - \dfrac{R_e^2-r_{s2}^2}{2\alpha_2}, r_p \leqslant r \leqslant r_{s1} \\ \dfrac{r^2-r_{s2}^2}{2} - \dfrac{R_e^2-r_{s2}^2}{2\alpha_2}, r_{s1} < r \leqslant r_{s2} \\ \dfrac{r^2-R_e^2}{2\alpha_2}, r_{s2} < r \leqslant R_e \end{cases} \tag{3.75}$$

式中:$s_1 = \dfrac{r_{s1}}{r_p}$;$s_2 = \dfrac{r_{s2}}{r_p}$;$n = \dfrac{R_e}{r_p} = \dfrac{N_{ed}}{N_{pd}}$;$r_{s1} = \sqrt{\dfrac{A_{sp}}{\pi} + r_p^2}$;$r_{s2} = \sqrt{R_e^2 - \dfrac{n_d A_{sd}}{\pi}}$。

将式(3.74)和式(3.75)代入式(3.39),得:

$$\begin{cases} \bar{\bar{A}} = r_p^2 \Pi \\ \bar{\bar{B}} = -r_p^4 \Lambda \end{cases} \tag{3.76}$$

其中，

$$\begin{cases} \Pi = \dfrac{\ln s_1}{2\alpha_1} - \dfrac{s_1^2-1}{4\alpha_1} + \dfrac{1}{2}\ln\dfrac{s_2}{s_1} + \dfrac{1}{2\alpha_2}\ln\dfrac{n}{s_2} - \dfrac{s_2^2-s_1^2}{4} - \dfrac{n^2-s_2^2}{4\alpha_2} \\ \Lambda = \dfrac{s_1^2-1}{2}\left(\dfrac{s_1^2-1}{4\alpha_1} + \dfrac{s_2^2-s_1^2}{2} + \dfrac{n^2-s_2^2}{2\alpha_2}\right) + \dfrac{s_2^2-s_1^2}{4}\left(\dfrac{s_2^2-s_1^2}{2} + \dfrac{n^2-s_2^2}{\alpha_2}\right) + \dfrac{(n^2-s_2^2)^2}{8\alpha_2} \end{cases}$$
(3.77)

将式(3.76)和式(3.77)代入式(3.38)，可得模型 A 的 F_c：

$$F_c = \frac{2(r_p^4\Pi + r_p^4\Lambda)}{R_e^2(R_e^2 - r_p^2)} = \frac{2(\Pi + \Lambda)}{n^2(n^2-1)} \tag{3.78}$$

模型 A 和模型 B 的 F_c 参数列于表 3.2 中。

表 3.2 模型 A 和模型 B 的 F_c 表达式和计算参数

参数	表达式	
	模型 A	模型 B
F_c	$\dfrac{2(n^2\Pi - \Lambda)}{n^2(n^2-1)}$	$\dfrac{2(\Pi+\Lambda)}{n^2(n^2-1)}$
Π	$\dfrac{s_1^2}{2\alpha_1}\ln s_1 - \dfrac{s_1^2-1}{4\alpha_1} + \dfrac{s_2^2-s_1^2}{2}\left(\dfrac{\ln s_1}{\alpha_1} - \dfrac{1}{2}\right) + \dfrac{s_2^2}{2}\ln\dfrac{s_2}{s_1} - \left(\dfrac{\ln s_1}{\alpha_1} + \ln\dfrac{s_2}{s_1}\right)\dfrac{n^2-s_2^2}{2} + \dfrac{n^2}{2\alpha_2}\ln\dfrac{n}{s_2} - \dfrac{n^2-s_2^2}{4\alpha_2}$	$\dfrac{\ln s_1}{2\alpha_1} - \dfrac{s_1^2-1}{4\alpha_1} + \dfrac{1}{2}\ln\dfrac{s_2}{s_1} + \dfrac{1}{2\alpha_2}\ln\dfrac{n}{s_2} - \dfrac{s_2^2-s_1^2}{4} - \dfrac{n^2-s_2^2}{4\alpha_2}$
Λ	$\dfrac{1}{2\alpha_1}\left(\dfrac{s_1^2-1}{2}\right)^2 + \dfrac{s_2^2-s_1^2}{2}\left(\dfrac{s_1^2-1}{2\alpha_1} + \dfrac{s_2^2-s_1^2}{4}\right) + \dfrac{n^2-s_2^2}{2}\left(\dfrac{s_1^2-1}{2\alpha_1} + \dfrac{s_2^2-s_1^2}{2} + \dfrac{n^2-s_2^2}{4\alpha_2}\right)$	$\dfrac{s_1^2-1}{2}\left(\dfrac{s_1^2-1}{4\alpha_1} + \dfrac{s_2^2-s_1^2}{2} + \dfrac{n^2-s_2^2}{2\alpha_2}\right) + \dfrac{s_2^2-s_1^2}{4}\left(\dfrac{s_2^2-s_1^2}{2} + \dfrac{n^2-s_2^2}{\alpha_2}\right) + \dfrac{(n^2-s_2^2)^2}{8\alpha_2}$
α_1 和 α_2	$\alpha_1 = \dfrac{k_{sd}}{k_h}$；$\alpha_2 = \dfrac{k_{sp}}{k_h}$	$\alpha_1 = \dfrac{k_{sp}}{k_h}$；$\alpha_2 = \dfrac{k_{sd}}{k_h}$
s_1 和 s_2	$s_1 = \dfrac{r_{s1}}{r_d}$；$s_2 = \dfrac{r_{s2}}{r_d}$	$s_1 = \dfrac{r_{s1}}{r_p}$；$s_2 = \dfrac{r_{s2}}{r_p}$
r_{s1} 和 r_{s2}	$r_{s1} = \sqrt{\dfrac{A_{sd}}{\pi} + r_d^2}$；$r_{s2} = \sqrt{R_e^2 - \dfrac{n_p A_{sp}}{\pi}}$	$r_{s1} = \sqrt{\dfrac{A_{sp}}{\pi} + r_p^2}$；$r_{s2} = \sqrt{R_e^2 - \dfrac{n_d A_{sd}}{\pi}}$
n	$n = \dfrac{R_e}{r_d} = N_{ed}$	$n = \dfrac{R_e}{r_p} = \dfrac{N_{ed}}{N_{pd}}$

3.2.3 排水板单作用层方程的建立

所做的假设如下：

(1)等应变条件成立，桩体、土体和竖井仅发生竖向变形，土体和竖井的压缩模量相等。
(2)土中渗流服从达西定律。
(3)外部荷载 $p(t)$ 是时间的函数，表述为 $p(t) = p_u g(t)$。其中 p_u 是外部荷载的最大值；$g(t)$ 是描述加载过程的时间函数。

(4)土体的水平方向扰动区和未扰动区的渗透系数保持不变,可表示为

$$k_r(r) = k_h f(r) \tag{3.79}$$

(5)任一时刻从土体流入竖井的水量与从竖井中流出水量之差等于竖井的体积变化量。

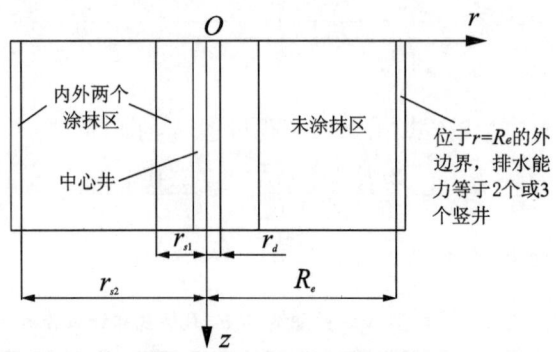

图 3.7 群井理论的单元剖面图

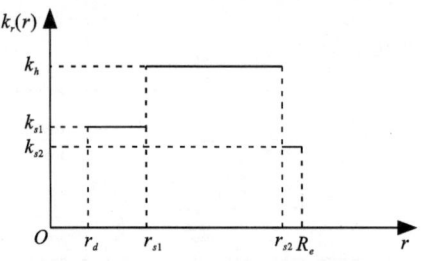

图 3.8 扰动区渗透系数示意图

根据模型 A 的推导结果,对于中心井有:

$$-\frac{k_d}{\gamma_w}\frac{\partial^2 u_d}{\partial z^2} - \frac{2}{r_d}\left[\frac{k_r(r)}{r_w}\frac{\partial u_s}{\partial r}\right]\bigg|_{r=r_d} = \frac{\partial \varepsilon_V}{\partial t} \tag{3.80}$$

类似的,对于边井有:

$$2\pi R_e \left[\frac{k_r(r)}{r_w}\frac{\partial u_s}{\partial r}\right]\bigg|_{r=R_e} - n_d \pi r_d^2 \frac{k_d}{\gamma_w}\frac{\partial^2 u_d}{\partial z^2} = \frac{\partial \varepsilon_V}{\partial t} n_d \pi r_d^2 \tag{3.81}$$

即:

$$\frac{2 R_e}{n_d r_d^2}\left[\frac{k_r(r)}{r_w}\frac{\partial u_s}{\partial r}\right]\bigg|_{r=R_e} - \frac{k_d}{\gamma_w}\frac{\partial^2 u_d}{\partial z^2} = \frac{\partial \varepsilon_V}{\partial t} \tag{3.82}$$

土体的轴对称固结方程表示为:

$$\frac{1}{r}\frac{\partial}{\partial r}\left[\frac{k_r(r)}{\gamma_w}r\frac{\partial u_s}{\partial r}\right] + \frac{k_v}{\gamma_w}\frac{\partial^2 \bar{u}_s}{\partial z^2} = -\frac{\partial \varepsilon_V}{\partial t} \tag{3.83}$$

由于在中心井及外围井边界上土体和井内孔压相等,所以有边界条件:

$$\begin{cases} r = r_d, u_s = u_d \\ r = R_e, u_s = u_d \end{cases} \tag{3.84}$$

对式(3.83)两边关于 r 积分,并利用式(3.82),可得:

$$\frac{\partial u_s}{\partial r} = \frac{R_e^2 - r^2}{2rf(r)}\frac{\gamma_w}{k_h}\left(\frac{\partial \varepsilon_V}{\partial t} + \frac{k_v}{\gamma_w}\frac{\partial^2 \bar{u}_s}{\partial z^2}\right) + \frac{n_d r_d^2}{2rf(r)k_h}\frac{\gamma_w}{\gamma_w}\left(\frac{\partial \varepsilon_V}{\partial t} + \frac{k_d}{\gamma_w}\frac{\partial^2 u_d}{\partial z^2}\right) \tag{3.85}$$

对式(3.85)再次关于 r 积分,并利用式(3.84)的第一个边界条件可得:

$$u_s = u_d + \frac{\gamma_w}{2k_h}[R_e^2 \bar{A}(r) - \bar{B}(r)]\left(\frac{\partial \varepsilon_V}{\partial t} + \frac{k_v}{\gamma_w}\frac{\partial^2 \bar{u}_s}{\partial z^2}\right) + \frac{n_d r_d^2 \gamma_w \bar{A}(r)}{2k_h}\left(\frac{\partial \varepsilon_V}{\partial t} + \frac{k_d}{\gamma_w}\frac{\partial^2 u_d}{\partial z^2}\right) \quad (3.86)$$

其中:

$$\begin{cases} \bar{A}(r) = \int_{r_d}^{r} \frac{1}{\xi f(\xi)} d\xi \\ \bar{B}(r) = \int_{r_d}^{r} \frac{\xi}{f(\xi)} d\xi \end{cases} \quad (3.87)$$

土体中任一深度处平均超静孔隙水压力为:

$$\bar{u}_s = \frac{1}{\pi(R_e^2 - r_w^2)}\int_{r_w}^{R_e} 2\pi r u_s(r,z,t) dr \quad (3.88)$$

将式(3.86)代入式(3.88)可得:

$$\bar{u}_s = u_d + \frac{R_e^2 \gamma_w F_{c1}}{2k_h}\left(\frac{\partial \varepsilon_V}{\partial t} + \frac{k_v}{\gamma_w}\frac{\partial^2 \bar{u}_s}{\partial z^2}\right) + \frac{R_e^2 n_d \gamma_w F_{c2}}{2k_h}\left(\frac{\partial \varepsilon_V}{\partial t} + \frac{k_d}{\gamma_w}\frac{\partial^2 u_d}{\partial z^2}\right) \quad (3.89)$$

其中:

$$\begin{cases} \bar{\bar{A}} = \int_{r_d}^{R_e} r \bar{A}(r) dr \\ \bar{\bar{B}} = \int_{r_d}^{R_e} r \bar{B}(r) dr \end{cases} \quad (3.90)$$

$$\begin{cases} F_{c1} = \frac{2(R_e^2 \bar{\bar{A}} - \bar{\bar{B}})}{R_e^2 r_d^2 (N^2 - 1)} \\ F_{c2} = \frac{2\bar{\bar{A}}}{R_e^2(N^2 - 1)} \end{cases} \quad (3.91)$$

式中:N 为群井单元半径和竖井半径之比,$N = R_e/r_d$。

由式(3.80)和式(3.85),可得:

$$(N^2 - 1)\left(\frac{\partial \varepsilon_V}{\partial t} + \frac{k_v}{\gamma_w}\frac{\partial^2 \bar{u}_s}{\partial z^2}\right) = -(n_d + 1)\left(\frac{\partial \varepsilon_V}{\partial t} + \frac{k_d}{\gamma_w}\frac{\partial^2 u_d}{\partial z^2}\right) \quad (3.92)$$

将式(3.92)代入式(3.89),可得:

$$\bar{u}_s = u_d + A\left(\frac{\partial \varepsilon_V}{\partial t} + \frac{k_d}{\gamma_w}\frac{\partial^2 u_d}{\partial z^2}\right) \quad (3.93)$$

式中:A 为常数,$A = -\frac{R_e^2 \gamma_w F_c}{2k_h(N^2 - 1)}$,$F_c$ 的表达式为:

$$F_c = (n_d + 1)F_{c1} - n_d(N^2 - 1)F_{c2} \quad (3.94)$$

参数 F_c 可以反映群井模型的几何特性以及中心井和边井的涂抹作用。

土体的应变率可以表示为:

$$\frac{\partial \varepsilon_V}{\partial t} = \frac{1}{E_s}\frac{\partial}{\partial t}[p(t) - \bar{u}_s(z,t)] \quad (3.95)$$

联立式(3.89)、式(3.93)和式(3.95),可得:

$$B\frac{\partial^4 u_d}{\partial z^4} + G\frac{\partial^3 u_d}{\partial t \partial z^2} + D\frac{\partial^2 u_d}{\partial z^2} + \frac{\partial u_d}{\partial t} = p_u \frac{\mathrm{d}g(t)}{\mathrm{d}t} \quad (3.96)$$

式中：D 为常数，$B = \frac{k_v E_s}{\gamma_w} \frac{R_e^2 F_c}{2(N^2+n_d)} \frac{k_d}{k_n}$，$G = -\frac{R_e^2 F_c}{2(N^2+n_d)} \frac{k_d}{k_n}$，$D = -\frac{1}{N^2+n_d}\left[(n_d+1)\frac{k_d E_s}{\gamma_w} + (N^2-1)\frac{k_v E_s}{\gamma_w}\right]$。

式(3.96)即为本章群井模型的控制方程。

3.2.4 排水板单作用层方程的求解

本章的模型里也忽略了土中水的竖向渗流，此处仍然假设上边界为透水界面，将两层模型的排水单独看待，下层边界为不排水面，则竖向边界条件为：

$$\begin{cases} z = 0, u_d(z,t) = 0, \bar{u}_s = 0 \\ z = H, \dfrac{\partial \bar{u}_d(z,t)}{\partial z} = 0, \dfrac{\partial \bar{u}_s(z,t)}{\partial z} = 0 \end{cases} \quad (3.97)$$

初始条件为：

$$t = 0, \bar{u}_s(z,0) = p(t=0) = p_0 \quad (3.98)$$

参考卢萌盟的群井模型控制方程的解答，令其控制方程中含有四阶偏导项的系数 $B = 0$，可以得到竖井中任意时刻的孔压表达式为：

$$u_d = \sum_{m=1}^{\infty} \frac{2}{M\left[1 - G\left(\frac{M}{H}\right)^2\right]} \left[p_0 \mathrm{e}^{-\beta_m t} + p_u \mathrm{e}^{-\beta_m t} \int_0^t \frac{\mathrm{d}g(\tau)}{\mathrm{d}\tau} \mathrm{e}^{\beta_m \tau} \mathrm{d}\tau\right] \sin\left(\frac{M}{H}z\right) \quad (3.99)$$

将式(3.99)代入式(3.93)，可得：

$$\bar{u}_s = \sum_{m=1}^{\infty} \frac{2}{M}\left[p_0 \mathrm{e}^{-\beta_m t} + p_u \mathrm{e}^{-\beta_m t} \int_0^t \frac{\mathrm{d}g(\tau)}{\mathrm{d}\tau} \mathrm{e}^{\beta_m \tau} \mathrm{d}\tau\right] \sin\left(\frac{M}{H}z\right) \quad (3.100)$$

式中：

$$\begin{cases} M = \dfrac{2m-1}{2}\pi, m = 1,2,3,\cdots \\ \beta_m = \dfrac{B\left(\dfrac{M}{H}\right)^4 - D\left(\dfrac{M}{H}\right)^2}{1 - G\left(\dfrac{M}{H}\right)^2} \end{cases} \quad (3.101)$$

则地基任一时刻的总平均固结度为：

$$U(t) = \frac{\int_0^H [p(t) - \bar{u}]\mathrm{d}z}{\int_0^H p_u \mathrm{d}z} = g(t) - \sum_{m=1}^{\infty} \frac{2}{M^2}\left(\frac{p_0}{p_u} \mathrm{e}^{-\beta_m t} + \mathrm{e}^{-\beta_m t}\int_0^t \frac{\mathrm{d}g(\tau)}{\mathrm{d}\tau} \mathrm{e}^{\beta_m \tau} \mathrm{d}\tau\right) \quad (3.102)$$

式(3.99)、式(3.100)和式(3.101)即群井模型在任意荷载下的孔压解和固结度解。

3.2.4.1 常见荷载作用下的解析解

根据上述任意荷载下孔压和固结度的解答，下面将给出图 3.9 所示的 4 种常见荷载形式的解答,包括瞬时荷载、线性荷载、多级瞬时荷载和多级线性荷载。

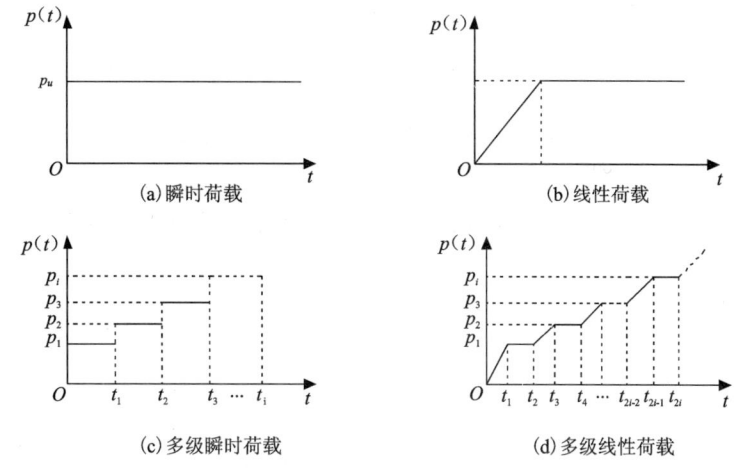

图 3.9 四种常见荷载形式

(1)瞬时荷载。瞬时荷载可以表示为:

$$\begin{cases} g(t)=1 \\ p_0 = p_u \end{cases} \tag{3.103}$$

将式(3.103)代入式(3.99)、式(3.100)和式(3.101),可得瞬时荷载下的解答:

$$u_d = \sum_{m=1}^{\infty} \frac{2\, p_u\, e^{-\beta_m t}}{M\left[1-G\left(\dfrac{M}{H}\right)^2\right]}\sin\left(\dfrac{M}{H}z\right) \tag{3.104}$$

$$\bar{u}_s = \sum_{m=1}^{\infty} \frac{2\, p_u\, e^{-\beta_m t}}{M}\sin\left(\dfrac{M}{H}z\right) \tag{3.105}$$

$$U(t) = 1 - \sum_{m=1}^{\infty} \frac{2\, e^{-\beta_m t}}{M^2} \tag{3.106}$$

(2)线性荷载。线性荷载可表示为:

$$p_0 = 0$$
$$g(t) = \begin{cases} t/t_1, t \leqslant t_1 \\ 1, t > t_1 \end{cases} \tag{3.107}$$

将式(3.107)代入式(3.108)、式(3.109)和式(3.110),可得:

$$u_w = \begin{cases} \displaystyle\sum_{m=1}^{\infty} \dfrac{2\, p_u(1-e^{-\beta_m t})}{M\beta_m t_1\left[1-A\left(\dfrac{M}{H}\right)^2\right]}\sin\left(\dfrac{M}{H}z\right), t \leqslant t_1 \\ \displaystyle\sum_{m=1}^{\infty} \dfrac{2\, p_u(e^{-\beta_m(t-t_1)} - e^{-\beta_m t})}{M\beta_m t_1\left[1-A\left(\dfrac{M}{H}\right)^2\right]}\sin\left(\dfrac{M}{H}z\right), t > t_1 \end{cases} \tag{3.108}$$

$$\bar{u}_s = \begin{cases} \displaystyle\sum_{m=1}^{\infty} \dfrac{2\, p_u(1-e^{-\beta_m t})}{M\beta_m t_1}\sin\left(\dfrac{M}{H}z\right), t \leqslant t_1 \\ \displaystyle\sum_{m=1}^{\infty} \dfrac{2\, p_u(e^{-\beta_m(t-t_1)} - e^{-\beta_m t})}{M\beta_m t_1}\sin\left(\dfrac{M}{H}z\right), t > t_1 \end{cases} \tag{3.109}$$

$$U(t) = \begin{cases} \sum_{m=1}^{\infty} \dfrac{2(1-e^{-\beta_m t})}{M^2 \beta_m t_1}, & t \leqslant t_1 \\ 1 - \sum_{m=1}^{\infty} \dfrac{2(e^{-\beta_m(t-t_1)} - e^{-\beta_m t})}{M^2 \beta_m t_1}, & t > t_1 \end{cases} \quad (3.110)$$

(3) 多级瞬时加载。多级瞬时加载时，对于每一级荷载而言，从荷载施加开始则为一个连续的加载过程，相当于每级荷载开始施加的时间点不同。因此在求解任一时刻的孔压和固结度解答时，可将该时刻以前每一级荷载在该时段以前引起的孔压和固结度叠加即为多级瞬时荷载下的解答。

其加载过程可表示为：

$$\begin{cases} p_0 = p_i - p_{i-1} \\ g(t) = \dfrac{p_i}{p_u}, t_{i-1} \leqslant t < t_i \end{cases} \quad (3.111)$$

式中：i 指第 i 级荷载，可取值 $1,2,3,\cdots$；p_i 为第 i 级荷载值。

将式(3.111)代入式(3.99)、式(3.100)，可得在 $t_{i-1} \leqslant t < t_i$ 时段内任一时刻的解答为：

$$u_w = \sum_{m=1}^{\infty} \dfrac{2}{M\left[1 - A\left(\dfrac{M}{H}\right)^2\right]} \left[\sum_{j=1}^{i}(p_j - p_{j-1})e^{-\beta_m(t-t_{j-1})}\right] \sin\left(\dfrac{M}{H}z\right) \quad (3.112)$$

$$\bar{u}_s = \sum_{m=1}^{\infty} \dfrac{2}{M}\left[\sum_{j=1}^{i}(p_j - p_{j-1})e^{-\beta_m(t-t_{j-1})}\right] \sin\left(\dfrac{M}{H}z\right) \quad (3.113)$$

$$U(t) = \dfrac{p_i}{p_u} - \sum_{m=1}^{\infty}\dfrac{2}{M^2}\sum_{j=1}^{i}\dfrac{p_j - p_{j-1}}{p_u}e^{-\beta_m(t-t_{j-1})} \quad (3.114)$$

式中：j 代表第 i 级荷载以前的任一级荷载，$j = 1,2,3,\cdots,i$。

(4) 多级线性加载。参考对多级线性加载的描述，可以得到该荷载下的解答为：

$$u_w = \begin{cases} \sum_{m=1}^{\infty} \dfrac{2p_u \sin\left(\dfrac{M}{H}z\right)}{M\beta_m\left[1 - A\left(\dfrac{M}{H}\right)^2\right]} \sum_{j=1}^{i} R_j\left[e^{-\beta_m(t-t_s)} - e^{-\beta_m(t-t_{2j-2})}\right], & t_{2i-2} < t \leqslant t_{2i-1} \\ \sum_{m=1}^{\infty} \dfrac{2p_u \sin\left(\dfrac{M}{H}z\right)}{M\beta_m\left[1 - A\left(\dfrac{M}{H}\right)^2\right]} \sum_{j=1}^{i} R_j\left[e^{-\beta_m(t-t_{2j-1})} - e^{-\beta_m(t-t_{2j-2})}\right], & t_{2i-1} < t \leqslant t_{2i} \end{cases}$$

$$(3.115)$$

$$\bar{u}_s = \begin{cases} \sum_{m=1}^{\infty} \dfrac{2p_u}{M\beta_m}\sin\left(\dfrac{M}{H}z\right) \sum_{j=1}^{i} R_j\left[e^{-\beta_m(t-t_s)} - e^{-\beta_m(t-t_{2j-2})}\right], & t_{2i-2} < t \leqslant t_{2i-1} \\ \sum_{m=1}^{\infty} \dfrac{2p_u}{M\beta_m}\sin\left(\dfrac{M}{H}z\right) \sum_{j=1}^{i} R_j\left[e^{-\beta_m(t-t_{2j-1})} - e^{-\beta_m(t-t_{2j-2})}\right], & t_{2i-1} < t \leqslant t_{2i} \end{cases} \quad (3.116)$$

$$U(t) = \begin{cases} [a_{i-1} + R_i(t - t_{2i-2})] - \sum_{m=1}^{\infty}\dfrac{2}{M^2\beta_m}\sum_{j=1}^{i} R_j\left[e^{-\beta_m(t-t_s)} - e^{-\beta_m(t-t_{2j-2})}\right], & t_{2i-2} < t \leqslant t_{2i-1} \\ a_i - \sum_{m=1}^{\infty}\dfrac{2}{M^2\beta_m}\sum_{j=1}^{i} R_j\left[e^{-\beta_m(t-t_s)} - e^{-\beta_m(t-t_{2j-2})}\right], & t_{2i-1} < t \leqslant t_{2i} \end{cases}$$

$$(3.117)$$

式中：$t_s = \min[t, t_{2j-1}]$；$j = 1, 2, \cdots, i$。

3.2.4.3 排水板单作用层 F_c 的求解

方程中出现的 F_c 为可以反映群井模型的几何特性以及中心井和边井的扰动效应的综合参数，由于本章的群井模型中缺少了搅拌桩，其中的参数含义存在细微差别，因此有必要继续给出 F_c 的表达式。群井模型中存在两个扰动区，分别位于区间 (r_w, r_{s1}) 和区间 (r_{s2}, R_e)，假设两个扰动区内土体的水平渗透系数保持不变，分别为 k_{s1} 和 k_{s2}，未扰动区土体的水平渗透系数为 k_h，土体内径向上任一点处的水平渗透系数 $k_r(r) = k_h f(r)$，则 $f(r)$ 的表达式为：

$$f(r) = \begin{cases} \alpha_1, & r_w \leqslant r \leqslant r_{s1} \\ 1, & r_{s1} < r \leqslant r_{s2} \\ \alpha_2, & r_{s2} < r \leqslant R_e \end{cases} \tag{3.118}$$

式中：$\alpha_1 = \dfrac{k_{s1}}{k_h}$；$\alpha_2 = \dfrac{k_{s2}}{k_h}$。

将式（3.118）代入式（3.87），可得：

$$\bar{A}(r) = \begin{cases} \dfrac{1}{\alpha_1} \ln \dfrac{r}{r_w}, & r_w \leqslant r \leqslant r_{s1} \\ \dfrac{\ln s_1}{\alpha_1} + \ln \dfrac{r}{r_{s1}}, & r_{s1} < r \leqslant r_{s2} \\ \dfrac{\ln s_1}{\alpha_1} + \ln \dfrac{s_2}{s_1} + \dfrac{1}{\alpha_2} \ln \dfrac{r}{r_{s2}}, & r_{s2} < r \leqslant R_e \end{cases} \tag{3.119}$$

$$\bar{B}(r) = \begin{cases} \dfrac{r^2 - r_w^2}{2\alpha_1}, & r_w \leqslant r \leqslant r_{s1} \\ \dfrac{r_{s1}^2 - r_w^2}{2\alpha_1} + \dfrac{r^2 - r_{s1}^2}{2}, & r_{s1} < r \leqslant r_{s2} \\ \dfrac{r_{s1}^2 - r_w^2}{2\alpha_1} + \dfrac{r_{s2}^2 - r_{s1}^2}{2} + \dfrac{r^2 - r_{s2}^2}{2\alpha_2}, & r_{s2} < r \leqslant R_e \end{cases} \tag{3.120}$$

式中：$s_1 = \dfrac{r_{s1}}{r_w}$；$s_2 = \dfrac{r_{s2}}{r_w}$。

将式（3.119）和式（3.120）代入式（3.89），可得：

$$\begin{cases} \bar{\bar{A}} = r_w^2 \Pi \\ \bar{\bar{B}} = r_w^4 \Lambda \end{cases} \tag{3.121}$$

其中，

$$\begin{cases} \Pi = \dfrac{s_1^2}{2\alpha_1} \ln s_1 - \dfrac{s_1^2 - 1}{4\alpha_1} + \dfrac{s_2^2 - s_1^2}{2}\left(\dfrac{\ln s_1}{\alpha_1} - \dfrac{1}{2}\right) + \dfrac{s_2^2}{2} \ln \dfrac{s_2}{s_1} + \\ \qquad \left(\dfrac{\ln s_1}{\alpha_1} + \ln \dfrac{s_2}{s_1}\right)\dfrac{N^2 - s_2^2}{2} + \dfrac{N^2}{2\alpha_2} \ln \dfrac{N}{s_2} - \dfrac{N^2 - s_2^2}{4\alpha_2} \\ \Lambda = \dfrac{1}{2\alpha_1}\left(\dfrac{s_1^2 - 1}{2}\right)^2 + \dfrac{s_2^2 - s_1^2}{2}\left(\dfrac{s_1^2 - 1}{2\alpha_1} + \dfrac{s_2^2 - s_1^2}{4}\right) + \dfrac{N^2 - s_2^2}{2}\left(\dfrac{s_1^2 - 1}{2\alpha_1} + \dfrac{s_2^2 - s_1^2}{2} + \dfrac{N^2 - s_2^2}{4\alpha_2}\right) \end{cases} \tag{3.122}$$

再将式(3.121)和式(3.122)代入式(3.90),可得:

$$\begin{cases} F_{c1} = \dfrac{2(N^2 \Pi - \Lambda)}{N^2(N^2-1)} \\ F_{c2} = \dfrac{2\Pi}{N^2(N^2-1)} \end{cases} \tag{3.123}$$

最后将式(3.123)代入式(3.93)可得:

$$F_c = \dfrac{2[(N^2+n_d)\Pi - (n_d+1)\Lambda]}{N^2(N^2-1)} \tag{3.124}$$

3.3 复合地基固结性状分析

3.3.1 计算结果的验证与对比

现场试验中,排水板和搅拌桩均按照矩形布置,间距1.4m,在该布置中,模型A($n_p=1$)和模型B($n_d=1$)的地基单元相同,均为矩形布置,因此R_n相同。搅拌桩打设深度13m,塑料排水板深度22m。试验先在地基内打设塑料排水板,然后进行搅拌桩施工,搅拌桩施工完成后一个月开始的填筑方式可近似看作一级填筑方式,路堤高5.05m,按照80d匀速填筑,之后保持不变,因此,此处可将加载方式看作一级线性加载。

采用监测260d内路堤S3、S4、S5以及S6点位的沉降值计算固结度,不考虑卸载后的沉降。计算沉降所需的基本参数及取值如表3.3所示,根据实测结果,搅拌桩和土体的压缩模量比取$E_p/E_s=10$。

表3.3 计算参数取值

H/m	$k_v/(10^{-9}$ m/s)	r_d/m	R_n/m	r_p/m	$\dfrac{A_{sd}}{A_d}$	$\dfrac{k_h}{k_{sd}}$	$\dfrac{k_h}{k_v}$	$\dfrac{k_d}{k_h}$	E_s/MPa	$\dfrac{E_p}{E_s}$
12	2.24	0.1	0.789	0.25	9	3	1.09	10^4	4.04	10

等效半径为: $\quad R_n = \sqrt{1.4 \times 1.4/\pi} = 0.789 \text{(m)} \tag{3.125}$

对于模型A: $\quad R_e = \sqrt{R_n^2 - n_p r_p^2} = \sqrt{0.789^2 - 0.25^2} = 0.749 \text{(m)} \tag{3.126}$

对于模型B: $\quad R_e = \sqrt{R_n^2 - n_d r_d^2} = \sqrt{0.789^2 - 0.025^2} = 0.749 \text{(m)} \tag{3.127}$

对于该实验的一级线性荷载,根据式(3.56),利用表3.3的参数取值,分别计算模型A和模型B的固结度,并与试验实测值计算出的固结度进行对比,如图3.10~图3.13所示。

3.3.2 计算结果分析

两种模型的计算结果和实测值相比,当地基的固结度小于20%时,模型A与模型B均小于S3~S6固结度实测值,这有可能是因为试验中加载期间施工扰动以及机械荷载的影响,导致沉降值偏大;当固结度大于20%时,两种模型的计算结果与实测值吻合较好。表3.4为偏差统计表,图3.14为偏差统计结果图。

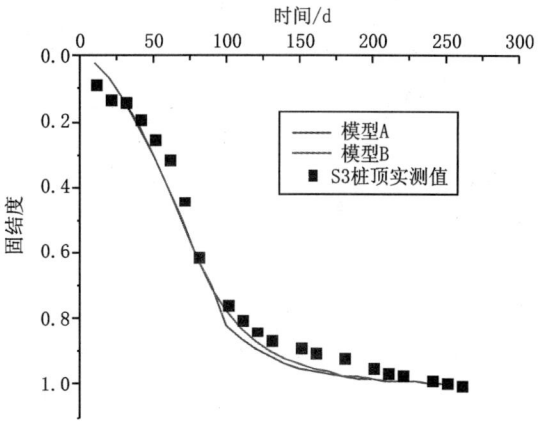

图 3.10 S3 实测值固结度对比

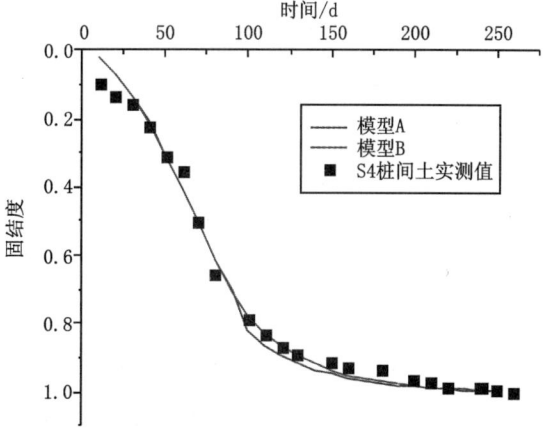

图 3.11 S4 实测值固结度对比

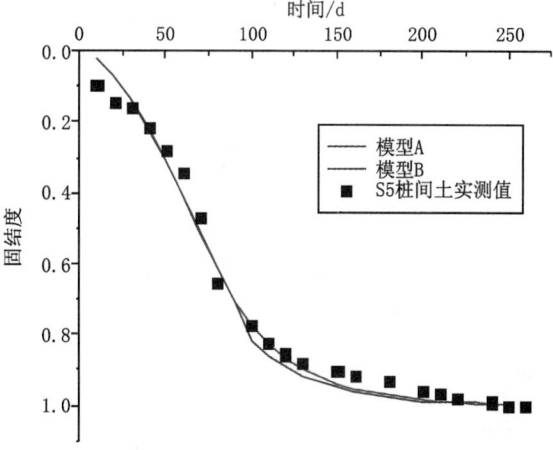

图 3.12 S5 实测值固结度对比

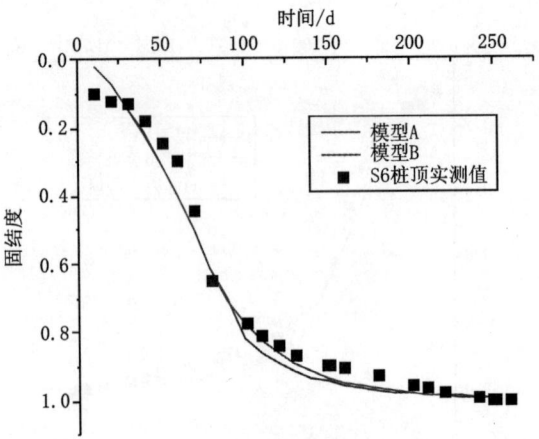

图 3.13 S6 实测值固结度对比

表 3.4 偏差统计表

时间/d	10	40	70	100	120	150	180	210	240
S3 实测值	0.089	0.191	0.440	0.755	0.836	0.885	0.920	0.960	0.985
S4 实测值	0.099	0.224	0.498	0.786	0.864	0.909	0.936	0.969	0.986
S5 实测值	0.092	0.215	0.468	0.772	0.854	0.899	0.928	0.964	0.988
S6 实测值	0.095	0.177	0.439	0.771	0.842	0.895	0.929	0.966	0.990
平均实测值	0.094	0.202	0.461	0.771	0.849	0.897	0.928	0.965	0.987
模型 A/%	−77.42	5.6	9.2	6.5	4.9	5.7	5.1	2.4	0.7
模型 B/%	−77.2	6.7	10.2	0.5	1.9	4.4	4.5	2.2	0.6

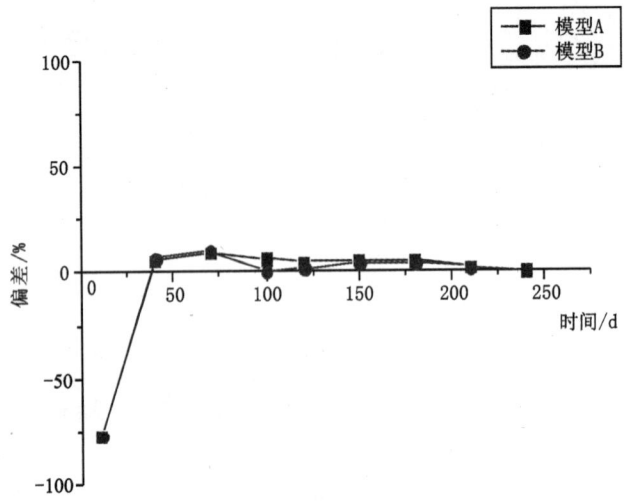

图 3.14 偏差统计结果图

3.3.3 复合地基固结性状影响因素分析

根据前一节计算公式,可对复合地基的固结性状进行参数敏感性分析。为了便于对比,采用复合地基径向时间因子为横坐标。为了简化计算量,荷载条件均为瞬时荷载。计算中取 $r_d=0.025\text{m}$,其余参数取值如表 3.5 所示。

表 3.5 参数取值

图号	$\dfrac{H}{R_n}$	$\dfrac{R_n}{r_d}$	$\dfrac{r_p}{r_d}$	n_p	n_d	$\dfrac{k_h}{k_v}$	$\dfrac{k_d}{k_v}$	$\dfrac{A_{sd}}{A_d}$	$\dfrac{A_{sp}}{A_p}$	$\dfrac{k_{sd}}{k_h}$	$\dfrac{k_{sp}}{k_h}$	$\dfrac{E_p}{E_s}$
3.12~3.14	10	30	—	1	1	2	4000	4	3	1	0.25	40
3.15	10	30	10	1	1	2	4000	4	3	0.25	—	40
3.16	10	30	10	1	1	2	4000	4	3	—	0.25	40
3.17	10	—	10	1	1	2	4000	4	3	0.25	0.25	40
3.18	10	30	10	1	1	2	4000	4	3	0.25	0.25	—

在瞬时荷载 p_u 保持不变的条件下,式(3.56)化简为:

$$U(t)=1-\sum_{m=1}^{\infty}\frac{2}{M^2}e^{-\beta_m t} \tag{3.128}$$

(1)井径比的影响。

井径比为 r_p/r_d 的取值,本次分析分别取 r_p/r_d 的值为 4、10 和 14 进行分析,由于假定了桩、井的扰动区面积比,r_p/r_d 的取值不能太大,否则计算中参数将出现负值。

图 3.15 给出了不同井径比情况下模型 A 的固结曲线,由图可知,当外荷载为瞬时荷载时,在搅拌桩和竖井的布置形状及间距一定的情况下,地基的固结速率随着搅拌桩与竖井的直径比的增大而大幅度增大。

图 3.16 所示为不同井径比下模型 B 的固结曲线,由图可知,模型 B 的地基固结速率也随着搅拌桩与竖井的直径比的增大而大幅度增大。由此,井径比 r_p/r_d 对复合地基的固结度影响明显,因为搅拌桩半径的增大会减小土中水的排水路径,从而加快地基的排水固结。

图 3.17 所示为模型 A 和模型 B 在不同井径比时的固结度对比图,由图可知,模型 B 的固结速率总是大于模型 A,但二者的差距不大,并且差距随着时间因子的增大而减小。同时,这种差距有随着 r_p/r_d 值的增大而减小的趋势。

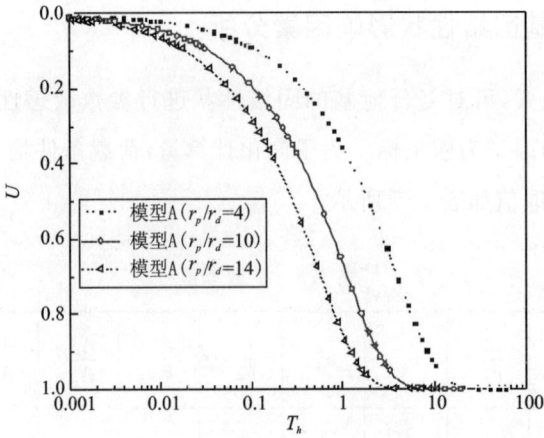

图 3.15　不同井径比对模型 A 固结的影响

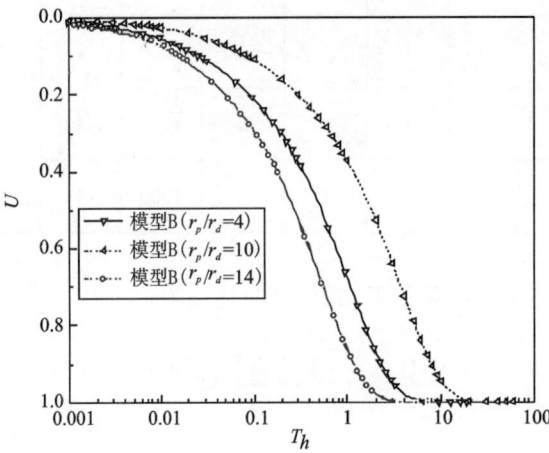

图 3.16　不同井径比对模型 B 固结的影响

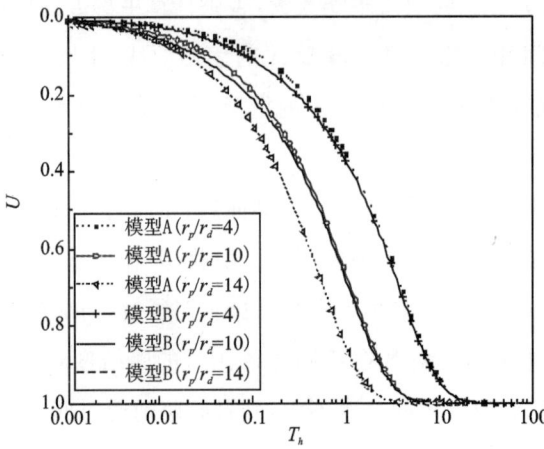

图 3.17　模型 A 和模型 B 的对比

(2)桩、井扰动效应的影响。

图 3.18 所示为不同桩体扰动区面积和桩体面积之比对地基固结的影响曲线,增大扰动区的面积也即是增大了扰动区的半径。由图可知,在其他条件保持不变和瞬时荷载下,A_{sp}/A_p 的值由 1 增大到 6 时,无论是模型 A 还是模型 B,其固结速率都没有发生明显变化,曲线几乎重合,其最大差值不超过 1%。因此,搅拌桩的扰动区面积对固结速率的影响很小。

图 3.19 为桩体扰动区土体的渗透系数变化对固结影响的对比图,由图可知,当桩体扰动区土体的渗透系数增大时,模型 A 和模型 B 的固结速率并没有明显提高,二者曲线几乎重合,模型 B 的固结速率在前期比模型 A 快 3% 左右。因此,搅拌桩扰动区土体的渗透系数对地基土的固结无明显影响。

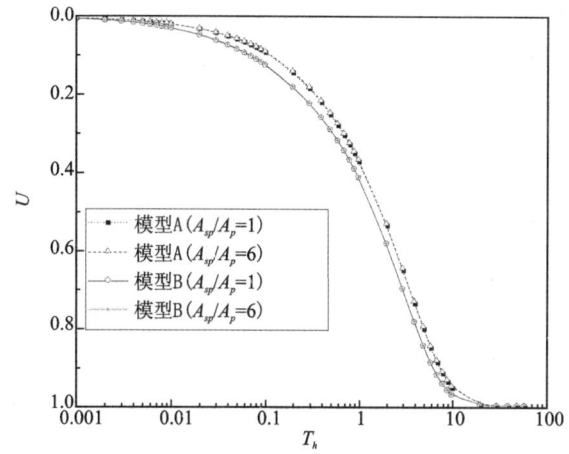

图 3.18　桩体扰动区面积对固结的影响对比

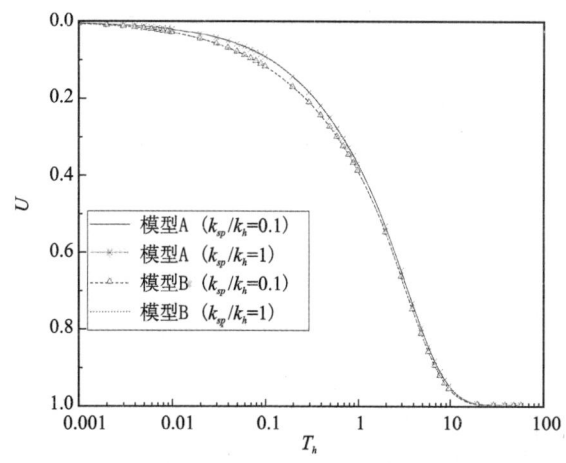

图 3.19　桩体扰动区渗透系数影响的对比图

(3)桩、井布置形式的影响。

模型 B 适用于图 3.1 中所有的四种可能的桩、井布置形式,因此只对模型 B 进行分析。桩、井布置形式的不同对参数的影响体现在 n_d 的取值上,其中三角形和矩形布置时 $n_d=1$,三角形密集型布置时 $n_d=2$,矩形密集型布置时 $n_d=3$。n_d 的变化对模型 B 固结的影响见图

3.20，由图可知，随着 n_d 的增大，地基的固结速率得到大幅提升，大幅缩短了固结所需的时间。n_d 增大，搅拌桩周围的排水通道增加，因而大大加快了地基土的固结。

（4）桩井间距的影响。

图 3.21 给出了桩、井不同布置间距对模型 A 的固结度的影响曲线，R_n/r_d 为经过面积等效转化后的地基单元的半径，可以反映搅拌桩和竖井的布置间距。由图可知，随着 R_n 的增大，固结速率大幅度减小，固结度达到 1 所需时间也大幅增长。在 R_n/r_d 所选取的值中，同等差值梯度中 $R_n/r_d=30$ 到 $R_n/r_d=40$ 时固结速率差值最大，且存在某一临界的 R_n/r_d 值，此时地基的固结效率最高，这个值大致在 30 左右。因此，实际工程应用中可以通过控制桩和井的布置间距来控制地基土的固结速率。

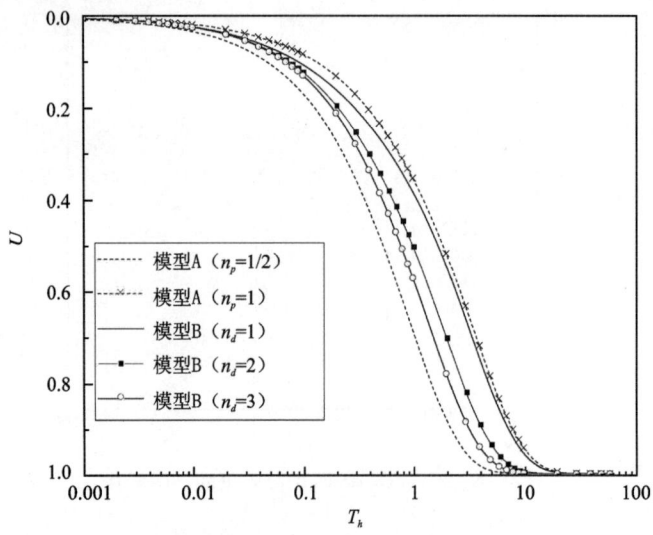

图 3.20　不同桩、井布置形式的固结度对比

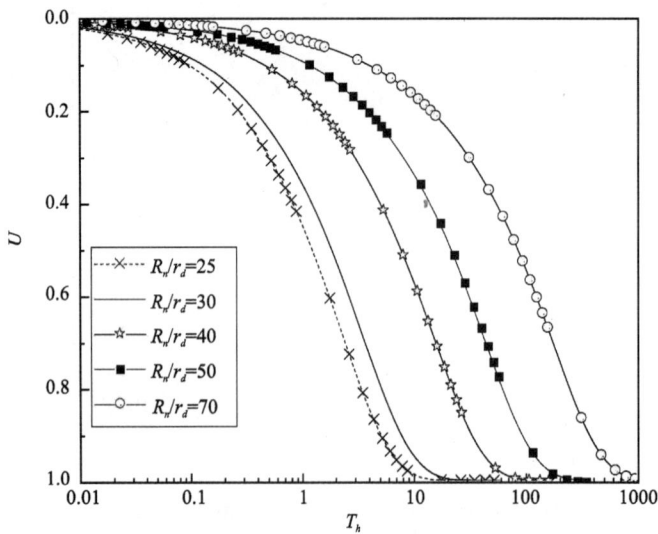

图 3.21　桩、井间距对模型 A 固结度的影响图

(5)桩土模量比的影响。

图 3.22 给出了不同的桩土模量比对模型 A 的固结影响曲线。由图可知,随着桩土模量比的增大,地基固结速率近似呈线性增长。已有较多研究表明,含有不透水桩的复合地基固结速率比天然地基的固结速率大,这是由于在复合地基中不透水桩因其压缩模量较高而产生的应力集中效应,加快了地基的固结速率。因此,对于含有不透水桩的复合地基,提高桩体的压缩模量可以加速固结。

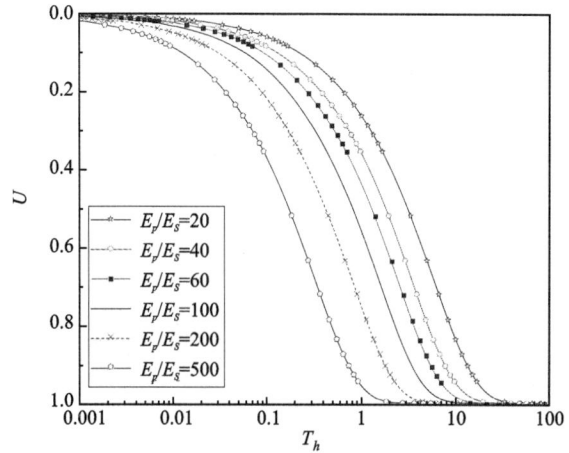

图 3.22 不同桩土模量比对模型 A 固结的影响图

第 4 章　联合处理技术复合地基的数值分析

4.1　ABAQUS 有限元模型的建立

4.1.1　ABAQUS 软件概况

ABAQUS 是一套功能强大的有限元软件,解决从相对简单的线性分析问题到许多复杂的非线性问题。ABAQUS 主求解器模块有 ABAQUS/Standard 和 ABAQUS/Explicit。ABAQUS 拥有各种类型的材料模型库,可以模拟典型工程材料的性能,其中包括金属、橡胶、高分子材料、复合材料、钢筋混凝土以及土壤和岩石等多种地质材料。ABAQUS 还包含一个全面支持求解器的图形用户界面,即人机交互前后处理模块 ABAQUS/CAE。ABAQUS 对某些特殊问题还提供了专用模块来加以解决。ABAQUS 软件求解流程如图 4.1 所示。

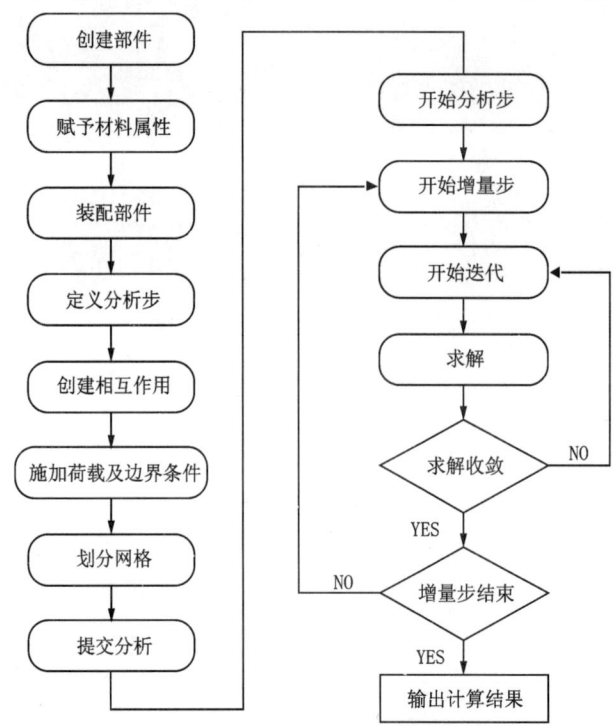

图 4.1　ABAQUS 软件求解流程

ABAQUS/Standard 中提供了流体渗透/应力耦合（Coupled pore fluid flow and stress analysis），求解渗流问题。ABAQUS/Standard 中处理孔隙介质中的流体流动的方式和岩土工程中的做法是一致的，即将孔隙体视为多相材料，孔隙中的流体可包含两部分：一是液体，通常认为其压缩性相对较低；另一个则是气体，认为其是可压缩的。土体的体积包括两部分：土颗粒体积和孔隙的体积，孔隙的体积等于孔隙中液体的体积与气体体积之和。计算中有限元的网格固定在土骨架上，气体或液体可流过网格，但需要满足流体的连续性方程。土体的力学特性通过采用有效应力定义的本构模型模拟，采用 Forchheimer 渗透定律模拟液体的渗透，常用的 Darcy 定律就是它的简化。

ABAQUS 中的有效应力原理和常规土力学中的表达略有差异，如下所示：

$$\bar{\sigma} = \sigma + [\chi u_w + (1-\chi)u_a]I \tag{4.1}$$

式中：σ 是总应力；$\bar{\sigma}$ 是有效应力；χ 与饱和土和液体-气体之间的表面张力有关，土完全饱和时 $\chi = 1.0$；土为干土时，$\chi = 0.0$。通常，ABAQUS/Standard 将 χ 取为饱和度。

4.1.2 土体本构模型的建立

岩土工程十分复杂，其影响的因素较多。对于土体物理力学性质的模拟较为困难，需要根据所关注的问题，忽略次要因素，选取相应的土体本构模型。目前，在岩土工程领域中比较常用的模型有以下几种：弹性理论模型、M-C 模型、D-P 模型、修正 D-P 帽盖模型、土体硬化模型以及临界状态塑性模型等。

土体是一种复杂的三相材料，具有非线性、弹塑性、剪胀性、各向异性等特点，导致了其应力-应变的关系十分复杂。对于本构模型的研究都是建立在大量假设条件下提出的，这些模型都有一定的局限性，并且特定的模型只适应特定的加载模式。

土体的本构模型选择一般从精确性和可靠性两个方面来综合考虑。经验表明：如果模型的选择在精度上的要求特别高，那么参数的选取就会出现较大的困难。在数值模拟的过程中，通常会有一些参数选取出现错误，最后导致模型的计算和实际的情况不相符，差距过大。例如修正 D-P 帽盖模型，在理论方面已经非常完善了，克服了土体的一些问题，设计了 6 个参数，但是这些参数都不容易获得。因此在数值模拟中的应用频率没有那么高。而在数值模拟中，M-C 模型和 D-P 模型应用较多，下面就这两种模型进行简单的介绍。

4.1.2.1 M-C 模型

（1）屈服面。ABAQUS 里面的摩尔库伦模型的屈服面函数为：

$$F = R_{mc}q - p\tan\varphi - c = 0 \tag{4.2}$$

式中：φ 是 q-p 应力面上的倾斜角，称为内摩擦角，取值在 $0° \leqslant \varphi \leqslant 90°$；$c$ 是黏聚力；$R_{mc}(\Theta,\varphi)$ 按下式计算：$R_{mc}(\Theta,\varphi)$ 主要控制了屈服面的形状，该面也称为 π 面，如图 4.2 所示。

$$R_{mc} = \frac{1}{\sqrt{3}\cos\varphi}\sin\left(\Theta + \frac{\pi}{3}\right) + \frac{1}{3}\cos\left(\Theta + \frac{\pi}{3}\right)\tan\varphi \tag{4.3}$$

式中：Θ 为极偏角，且 $\cos(3\Theta) = \dfrac{r^3}{q^3}$；$r$ 为第三偏应力不变量 J_3。

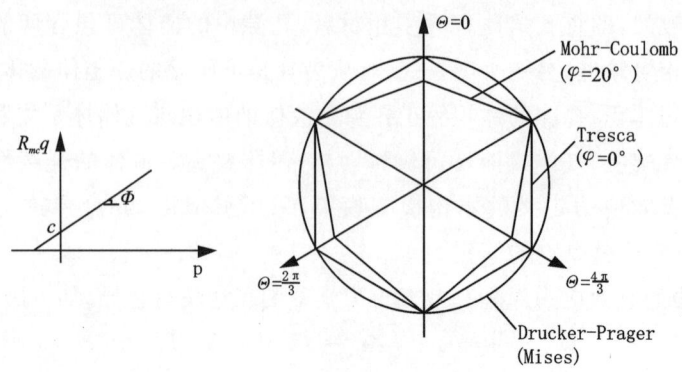

图 4.2　摩尔库伦模型的屈服面

(2)塑性势面。如图 4.3 多边形所示，M-C 模型不是规则圆，而是一个较为规则的多边形。这就导致了不能适用弹塑性理论的中流变计算法则，其法则要求流变方向唯一，即塑性势面和屈面相同。为使得其适应流变法则方向唯一和收敛问题，ABAQUS 采用了椭圆方程作为其塑性势面，可以解决流变不唯一问题，如图 4.3 椭圆形所示。

$$G = \sqrt{(\varepsilon c_0 \tan\psi)^2 + (R_{mw}q)^2} - p\tan\psi \tag{4.4}$$

式中：ψ 为剪胀角；c_0 为初始黏聚力；ε 为子午面上的偏心率。

若 $\varepsilon = 0$，塑性势面在子午面上将是一条倾斜向上的直线，ABAQUS 中默认为 0.1，则函数 $R_{mc}(\Theta, \varphi)$ 可以改成 $R_{mc}(\Theta, e, \varphi)$，即由两个变量控制变为三个控制，则 π 平面上的形状，由式(4.2)可以得：

$$R_{mw} = \dfrac{4(1-e^2)\cos^2\Theta + (2e-1)^2}{2(1-e^2)\cos\Theta + (2e-1)\sqrt{4(1-e^2)\cos^2\Theta + 5e^2 - 4e}} R_{mc}\left(\dfrac{\pi}{3}, \varphi\right) \tag{4.5}$$

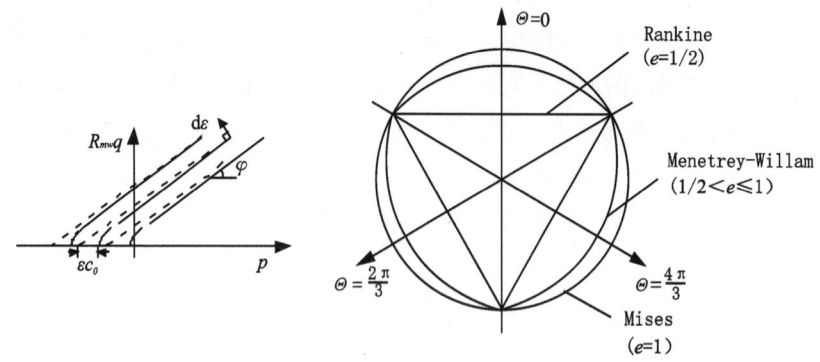

图 4.3　摩尔库伦模型中的塑性势面

式中：e 为 π 平面上的偏心率，控制 π 平面上 $\Theta = 0 \sim \pi/3$ 形状，默认值由下式计算：

$$e = \dfrac{3 - \sin\varphi}{3 + \sin\varphi} \tag{4.6}$$

(3)硬化规律。ABAQUS 中的摩尔库伦模型可以考虑屈服面大小的变化，即硬化或软化,主要是通过控制凝聚力 c 的大小来实现,此外还要指定 c 与等效塑性应变之间的变化关系。

4.1.2.2 D-P 模型

ABAQUS 对 D-P 模型进行了改进,屈服面在子午面的形状则采用线性函数、双曲线函数或指数函数来模拟。其在 π 平面上的形状也有所区别,由于线性改进了的 D-P 模型参数较为简单,也比较容易确定,可以通过摩尔库伦参数直接转换。

(1)屈服面。线性函数的 D-P 模型的屈服面如图 4.4 所示,函数为:

$$F = t - p\tan\beta - d = 0 \tag{4.7}$$

式中: $t = \dfrac{q}{2}\left[1 + \dfrac{1}{k} - \left(1 - \dfrac{1}{k}\right)\left(\dfrac{r}{q}\right)^3\right]$; β 为屈服面在 p-t 应力空间上的倾角,与 φ 有关; k 为三轴拉伸强度与三轴压缩强度之比,反映了中主应力对屈服的影响,为了保证屈服面是凸面,要求 $0.778 \leqslant k \leqslant 1.0$。 k 值大小不同,则屈服面在 π 平面上的形状也不同。当 $k=1$ 时,有 $t=q$,此时屈服面即为 Mises 圆形屈服面。d 为屈服面在 p-t 应力空间 t 轴上的截距,可按 3 种方式确定:① $d = \left(1 - \dfrac{1}{3}\tan\beta\right)\sigma_c$,根据土体的单轴抗压强度 σ_c 定义;② $d = \left(\dfrac{1}{k} + \dfrac{1}{3}\tan\beta\right)\sigma_t$,根据土体的单轴抗压强度 σ_t 定义;③ $d = \dfrac{\sqrt{3}}{2}\tau\left(1 + \dfrac{1}{k}\right)$,根据土体的剪切强度 τ 定义。

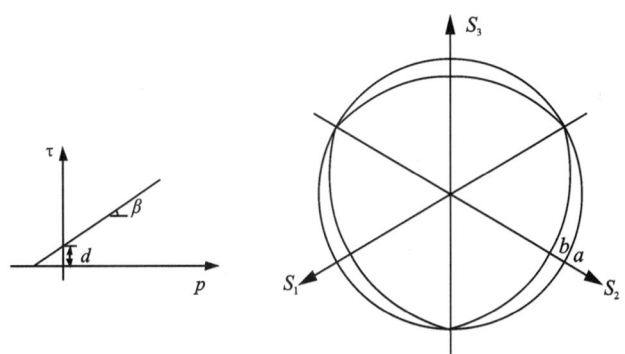

图 4.4 线性 D-P 模型的屈服面

(2)塑性势面。线性 D-P 模型的塑性势面形状如图 4.5 所示,塑性势面函数为:

$$G = t - p\tan\psi \tag{4.8}$$

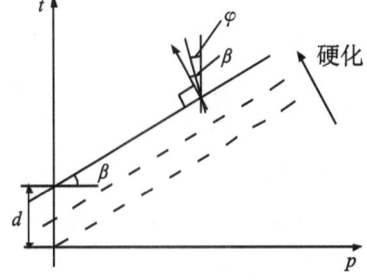

图 4.5 线性(D-P)模型的塑性势面

此外，当 $\psi = \beta$，$k = 1$ 时，线性 D-P 模型即退化为经典的 D-P 模型。

(3) 硬化规律。ABAQUS 改进的 D-P 模型允许屈服面放大（硬化）或缩小（软化）。屈服面大小的变化是由某一个等效应力 $\bar{\sigma}$ 控制的，通过给出 $\bar{\sigma}$ 与等效塑性应变 $\bar{\varepsilon}^{pl}$ 的关系来进行控制，其中等效塑性应变为 $\bar{\varepsilon}^{pl} = \int \Delta \bar{\varepsilon}^{pl} dt$。针对线性 D-P 模型，ABAQUS 中提供了以下 3 种形式：① $\bar{\sigma}$ 取土体的单轴抗压强度 σ_c，$d\bar{\varepsilon}^{pl} = |d\varepsilon_{11}^{pl}|$；② $\bar{\sigma}$ 取土体的单轴抗拉强度 σ_t，$d\bar{\varepsilon}^{pl} = d\varepsilon_{11}^{pl}$；③ $\bar{\sigma}$ 取凝聚力 d，$d\bar{\varepsilon}^{pl} = \dfrac{dv^{pl}}{\sqrt{3}}$；

$$\tan\beta = \frac{\sqrt{3}\sin\varphi}{\sqrt{1 + \dfrac{1}{3}\sin^2\varphi}} \tag{4.9}$$

$$\frac{d}{c} = \frac{\sqrt{3}\cos\varphi}{\sqrt{1 + \dfrac{1}{3}\sin^2\varphi}} \tag{4.10}$$

由上述分析可知，摩尔库伦模型的屈服面为多边形，即在两相邻边之间存在尖角，从而使得塑性流动方向不唯一，导致数值计算收敛缓慢，甚至不收敛。这一点，在实际计算中也得到了验证。D-P 模型的屈服面在 π 平面上的投影为圆弧形，由于此处属于平面应变问题（即 $k = 1$），此时 D-P 模型的屈服面在 π 平面上形状变为圆形，即屈服面为 Mises 屈服面的圆形，因此在计算时更易收敛。此外，对于平面应变问题，D-P 模型和摩尔库伦模型之间的参数可以通过公式(4.8)和式(4.9)进行转换，参数容易确定（这里采用相关联流动法则，即 $\psi = \beta$），因此最终以 D-P 模型作为土体的本构模型。

4.1.3 塑料排水板平面应变等效问题

塑料排水板与砂井都属于竖向排水体，加固机理相同，因此在分析计算时，常将塑料排水板等效为相当直径的砂井，根据两种排水体与周围土接触面积相等的原理，换算直径为：

$$D_r = 2\alpha(b + \delta)/\pi \tag{4.11}$$

式中：b 为塑料排水板宽度，mm；δ 为塑料排水板厚度，mm；α 为换算系数，无试验资料时，α 取 $0.75 \sim 1.00$。

用有限元方法分析砂井群地基固结问题，严格地讲应该采用三维固结有限元来计算，能较好地还原砂井群的空间布置，但密集的砂井会导致划分的单元数量大幅增加，影响单元质量，易引起模型计算的不收敛。相比之下，使用平面应变有限元进行分析就要简便得多。若直接选取某个剖面应用平面应变有限元分析，显然是不对的，砂井群地基在空间上分布并不连续。因此，有必要将砂井群地基三维问题转换为平面应变问题来处理。其办法是将纵向有一定间隔分布的砂井等效为纵向连续不间断分布的砂墙。

转化方法采用赵维炳(1998)推导的理论。赵维炳对于砂井地基平面应变问题和轴对称问题的等效关系主要是以 Barron 固结理论为基础，该等效转换关系综合考虑了竖向渗流、涂抹作用和侧向变形等因素的影响，而且应用起来较为方便，只需要对渗透系数进行调整即可，因而应用十分广泛。

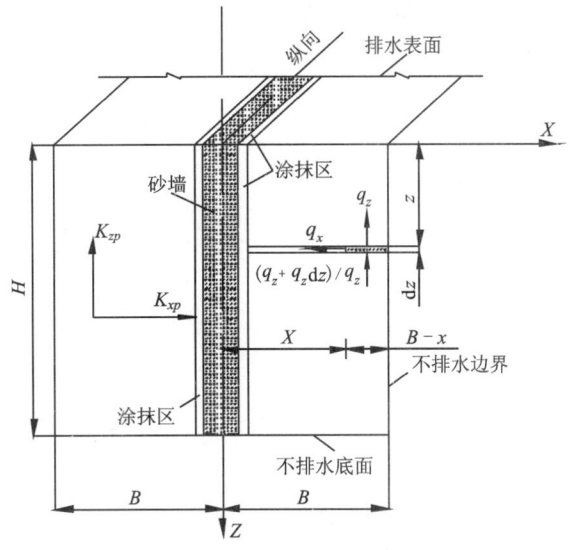

图 4.6 砂墙固结示意图

赵维炳理论推导的水平向渗透系数修正系数和竖直向渗透系数修正系数为：

$$D_x = \frac{4(n_p - s_p)^2(1+\nu)L^2}{9n_p^2\mu_a - 12\beta(n_p - s_p)(s_p - 1)(1+\nu)L^2}$$

$$D_z = \frac{2(1+\nu)}{3} \quad (4.12)$$

式中：L 为砂井间距的放大系数，$L = \dfrac{B}{r_e}$，r_e 为单井的有效排水半径；n_p 为井径比，$n_p = \dfrac{r_e}{r_{wa}}$，$r_{wa}$ 为砂井的半径；s_p 为涂抹区半径与砂井半径之比，$s_p = \dfrac{r_s}{r_{wa}}$，$r_s$ 为涂抹区的半径；μ_a 为换算系数，$\mu_a = \dfrac{n^2}{n^2 - s^2}\ln\dfrac{n}{s} - \dfrac{3n^2 - s^2}{4n^2} + \dfrac{k_{ra}}{k_s}\dfrac{n^2 - s^2}{n^2}\ln s$；$\beta$ 为涂抹比，砂井水平向渗透系数与涂抹区渗透系数之比。

水平向渗透系数和竖直向渗透系数修正后为：

$$K_{xp} = D_x \cdot k_{ra}$$
$$K_{zp} = D_z \cdot k_{za} \quad (4.13)$$

4.1.4 水泥土搅拌桩的平面应变等效问题

由于水泥土搅拌桩复合地基是空间分布的，而计算过程中采用平面应变模型。如果在平面数值模拟计算中不进行参数的折减，则水泥土搅拌桩沿里程方向形成一条条强度很高、渗透性很小的墙体。这样模拟出来的结果与实测结果将会有很大的差异，因此需要对桩体参数进行折减。把水泥土搅拌桩加固区作为一个等效土体进行数值计算，在参数折减中认为桩身强度按面积置换率进行折减，这样折减存在以下问题：把加固区作为一个整体进行数值计算，不能很好地描述桩土的相互作用。

因此，本书研究参考邓永锋（2005）的方法，在保持桩身直径和桩间距不变的情况下，通过对桩身强度和渗透系数等参数的折减来达到平面转换的目的。桩身模量折减模式如图 4.7 所示，折减计算过程具体如下：

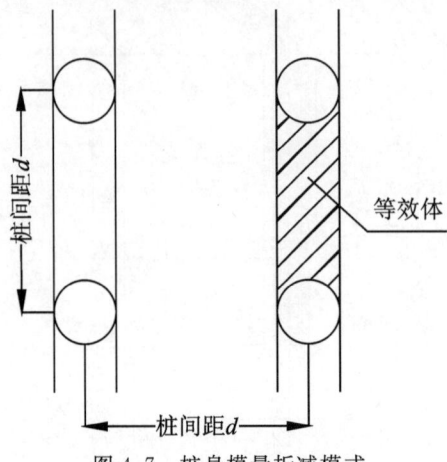

图 4.7　桩身模量折减模式

假定等效桩均匀受压，土体、桩和等效桩体在竖向具有相同的压缩应变 ε_z，由应力应变关系可得土体、桩体及等效桩体的应力 σ_{sz}、σ_{pz} 以及 σ_{cz} 分别为：

$$\begin{aligned} \sigma_{sz} &= E_s \varepsilon_z \\ \sigma_{pz} &= E_p \varepsilon_z \\ \sigma_{cz} &= E_c \varepsilon_z \end{aligned} \quad (4.14)$$

式中：E_c 为折减后等效桩体压缩模量；E_p 为桩体压缩模量；E_s 为桩间土压缩模量。

由力的平衡条件可得：

$$\sigma_{cz} \cdot d \cdot D = \sigma_{sz} \cdot (1 - \frac{\pi D^2}{4}) + \sigma_{pz} \cdot \frac{\pi D^2}{4} \quad (4.15)$$

等效桩体压缩模量为：

$$E_c = E_s \cdot (1 - \frac{\pi D}{4d}) + E_p \cdot \frac{\pi D}{4d} \quad (4.16)$$

假设固结渗流是一维，在等效桩体顶面以下 z 深度处取一微单元体，外荷施加后某一时间单元体的水量变化为：

$$q_c = k_c \frac{\partial^2 h_c}{\partial z^2} \mathrm{d}x \mathrm{d}y \mathrm{d}z \quad (4.17)$$

式中：k_c 为等效桩体的竖向渗透系数；h_c 为等效桩体的水头。

对于等效桩体中的微单元土体而言：

$$q_s = k_s (1 - \frac{\pi D}{4d}) \frac{\partial^2 h_c}{\partial z^2} \mathrm{d}x \mathrm{d}y \mathrm{d}z \quad (4.18)$$

式中：k_s 为土体的竖向渗透系数。

由于桩身的渗透系数为土体的 0.001～0.000 1 倍，可以认为桩身不排水。等效前后有 $q_c = q_s$，$h_c = h_s$。因此可得到等效桩体的渗透系数为：

$$k_c = k_s (1 - \frac{\pi D}{4d}) \quad (4.19)$$

参考竖向渗透系数的推导方法,可以得到等效桩体水平向渗透系数的表达式为:

$$k_{cx} = k_{sx}(1 - \frac{\pi D}{4d}) \qquad (4.20)$$

4.1.5 联合地基处理技术复合地基有限元模型的建立

将数值模型中褥垫层底部设为坐标原点,X 轴为长度方向,Y 轴竖直向上。设定的边界条件为:模型底部施加完全固定约束,左右两侧施加 X 方向约束,顶面自由;褥垫层顶部为自由排水界面,其余各侧均为不排水边界。模型中的网格划分如图 4.8 所示:地基土体、塑料排水板及桩体采用的是耦合的孔压单元 CPE4P 结构化网格划分技术;堆载部分土体采用平面应变单元 CPE4P 结构化网格划分技术。共划分了 24 381 个单元,25 504 个节点。网格划分如图 4.8 所示:

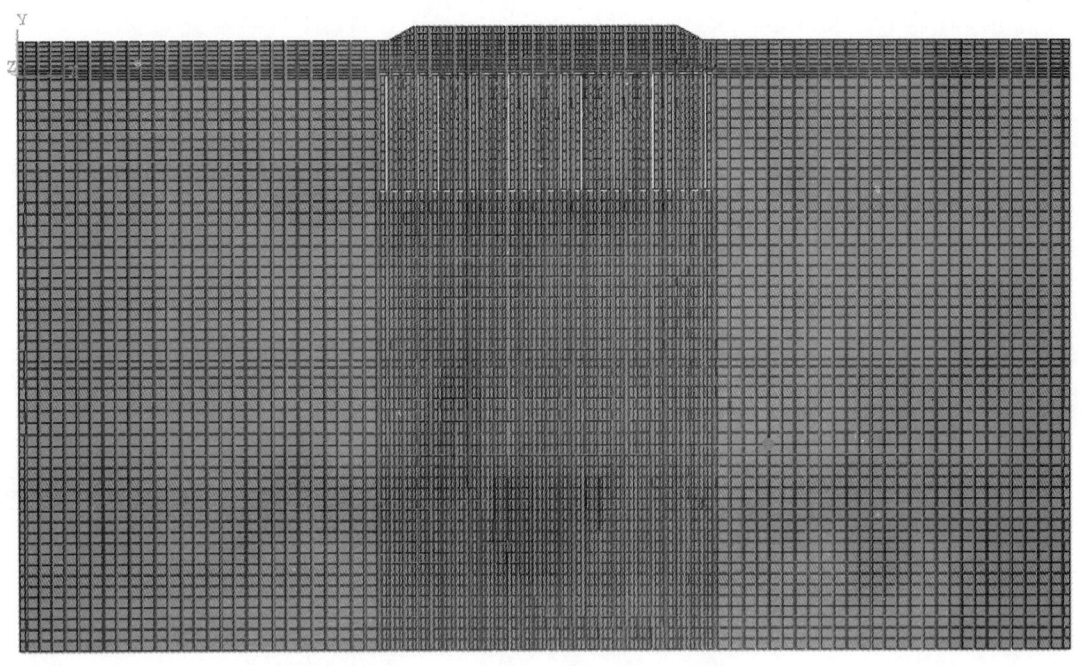

图 4.8 有限元模型网格划分示意图

依据实际工程中的施工顺序,ABAQUS 计算模型分析步设置如下:①地应力平衡;②填筑第一层砂(1~5d);③填筑第二层砂(5~11d);④填筑第一层路基(11~19d);⑤填筑第二层路基(19~30d);⑥填筑第三层路基(30~41d);⑦填筑第四层路基(41~43d);⑧填筑第五层路基(43~59d);⑨填筑第六层路基(59~65d);⑩堆载预压(65~69d);⑪固结阶段(69~259d)。

模型所选取参数如表 4.1 所示。

表 4.1 模型参数

土层	E/MPa	γ/(kN/m³)	e	k_x/(m/d)	K_y/(m/d)	β/(°)	k	ψ/(°)
粉质黏土	3.24	19.1	0.87	0.013	0.097	22.878	1	22.878
淤泥质黏土	2.04	17.4	1.32	0.012	0.092	15.395	1	15.395
粉质黏土	5.21	19.8	0.77	0.012 5	0.09	29.845	1	29.845
黏土	5.67	19.3	0.83	0.012 1	0.086	34.824	1	34.824
粉质黏土	6.68	19.2	0.72	0.012	0.083	30.595	1	30.595
熔结凝灰岩	56	18.6	0.42	0.008 9	0.074	/	/	/
塑料排水板	3.2	16.4	1.9	0.53	0.53	/	/	/
水泥土搅拌桩	100	21.8	0.01	1.0×10^{-6}	1.0×10^{-6}	/	/	/
厚垫层	50	20	1.8	1	1	/	/	/
普通土	5.28	18.9	0.83	0.009 5	0.095	/	/	/
填料	1500	23.5	0.76	0.007 8	0.009 8	/	/	/

4.2 联合处理技术复合地基数值计算结果

4.2.1 联合处理技术复合地基变形特性

4.2.1.1 沉降分布云图

路基填筑阶段，联合处理技术复合地基的沉降云图如图 4.9 所示。可见沉降量随着填筑的增加不断增大；路基填筑引起的沉降由地表向下逐渐衰减；中心区域为车站正线，设有搅拌桩，路基填筑时，全场地范围内沉降量表现为左右两侧沉降大于中心处沉降；模型底部边界处沉降约为 0，表明计算区域选取的计算深度较为合理。

4.2.1.2 沉降计算结果

地基土及桩顶沉降随时间发展规律见图 4.10，地基土总沉降数值计算结果为 679mm，桩顶总沉降数值计算结果为 609mm；而现场实测左侧路肩地基土总沉降数值为 631.9mm，桩顶总沉降数值为 611mm。数值模拟结果与现场实际监测结果吻合较好，计算参数的选取较为合理。

4.2.1.3 地基土深层沉降分布规律

地基土分层沉降分布规律见图 4.11，计算结果与实测结果对比见图 4.12。根据对比分析可知，两者规律较为一致，数值上大致相同。

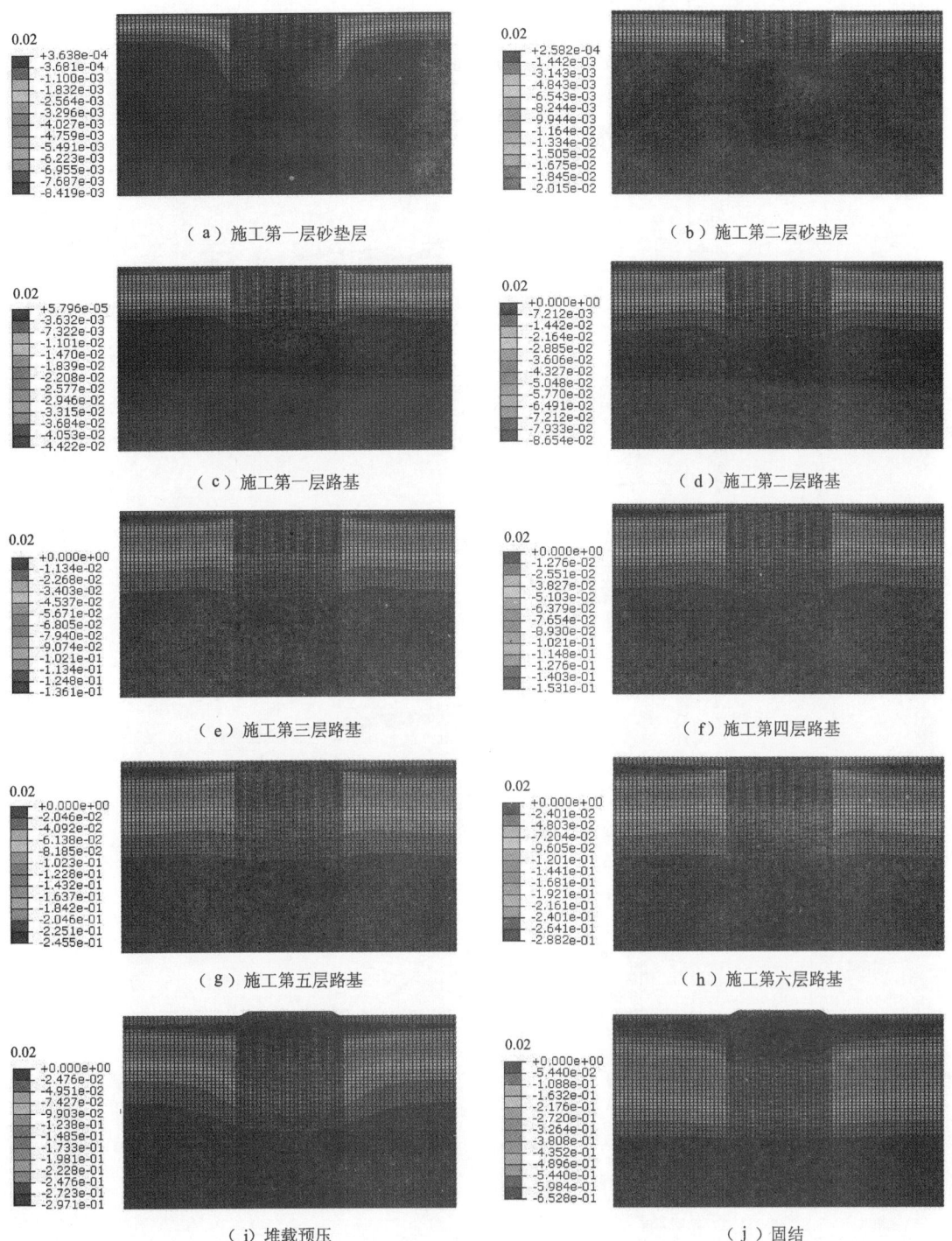

图 4.9 沉降云图

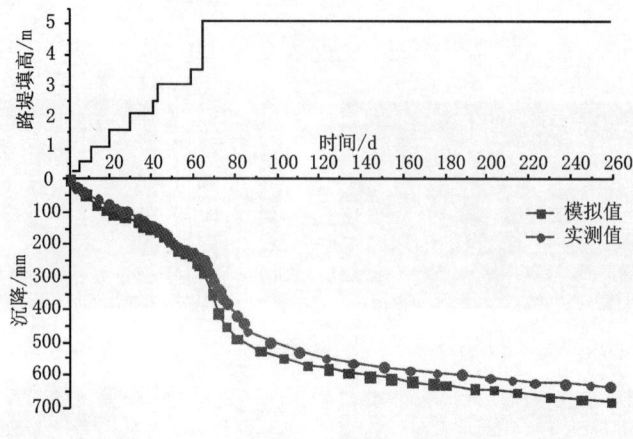

(a) 左侧路肩地基土沉降规律对比

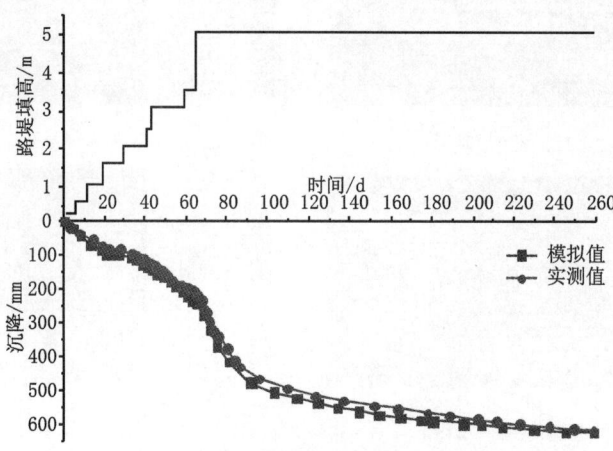

(b) 左侧路肩桩顶沉降规律对比

图 4.10　沉降随时间变化规律对比图

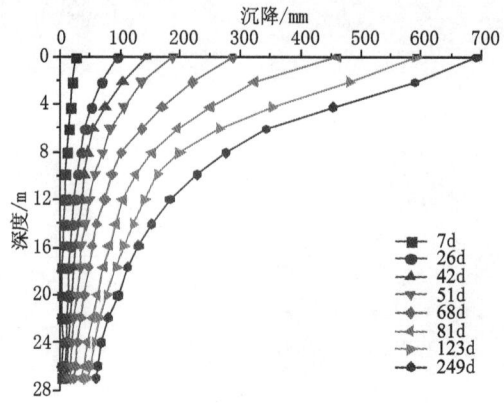

图 4.11　数值模拟分层沉降分布规律

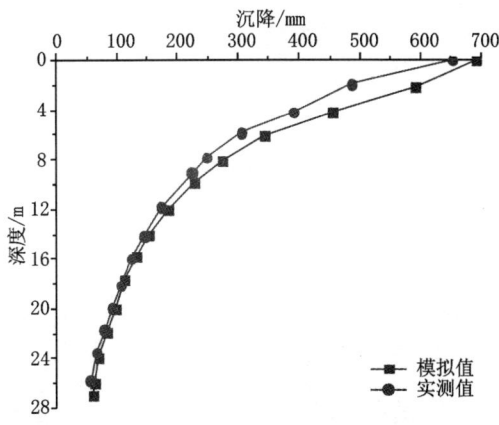

图 4.12　分层沉降计算结果与实测值对比

4.2.1.4　深层水平位移计算结果

联合处理技术复合地基深层水平位移分布规律的数值模拟结果见图 4.13，水平位移模拟值与实测值的对比见图 4.14。实测值最大为 181.7mm，模拟值最大为 208.9mm，数值上相差不大，两者的变化规律一致。

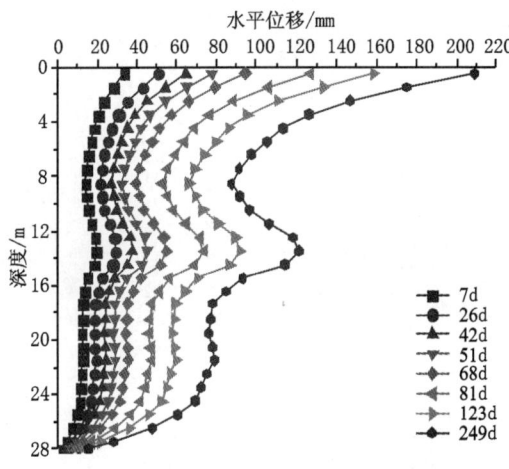

图 4.13　数值模拟深层水平位移分布规律图

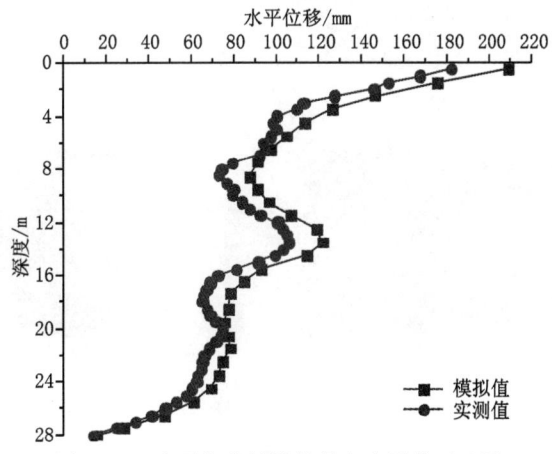

图 4.14　水平位移计算结果与实测值对比图

4.2.2 联合处理技术复合地基的固结特性

4.2.2.1 孔压分布云图

图 4.15 为复合地基的孔压分布云图。在路基填筑时,地基土内孔压明显升高,产生了超孔压;堆载预压后的固结阶段,孔压显著减小,超孔压逐渐消散。

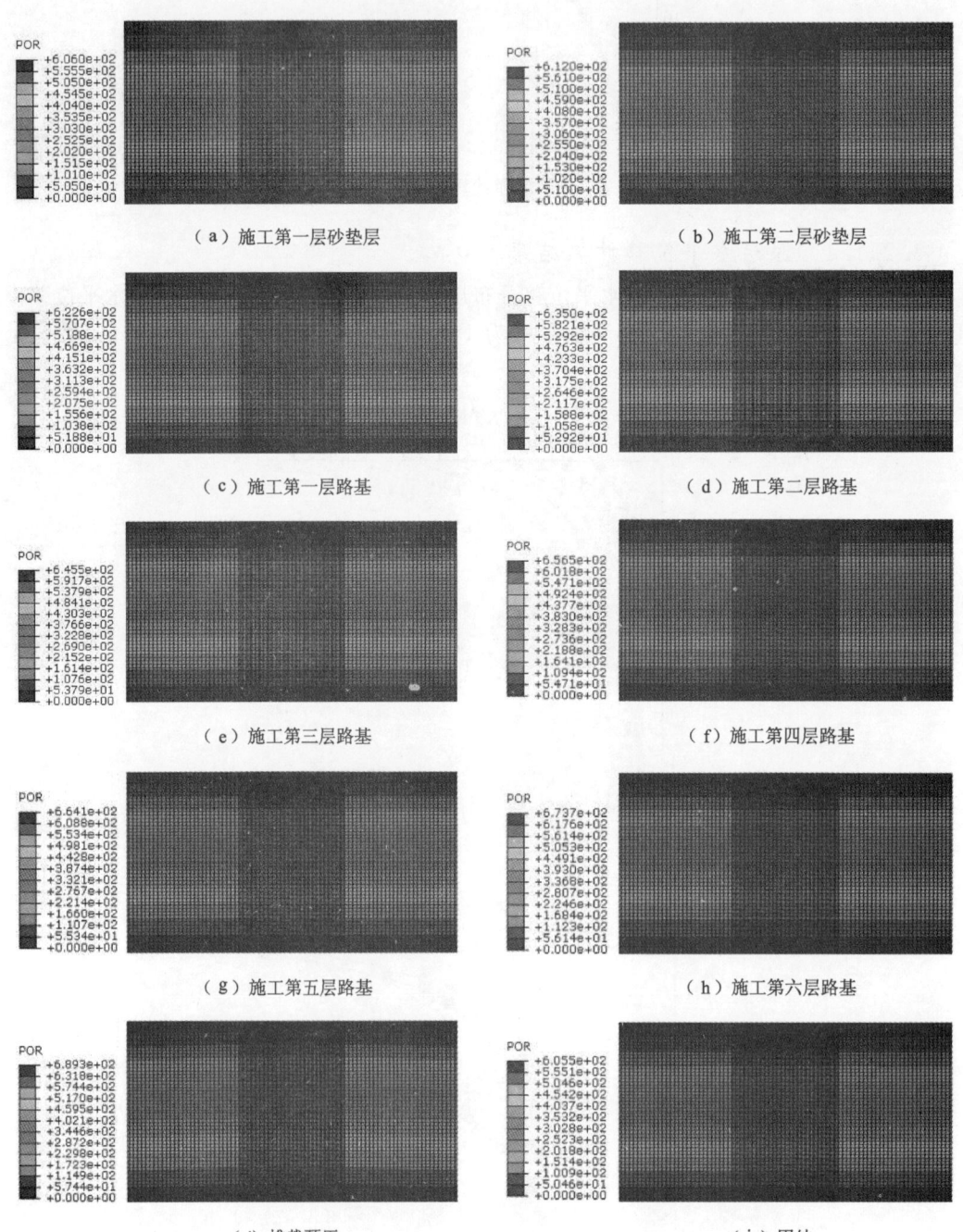

(a) 施工第一层砂垫层　　　　　　　　(b) 施工第二层砂垫层

(c) 施工第一层路基　　　　　　　　　(d) 施工第二层路基

(e) 施工第三层路基　　　　　　　　　(f) 施工第四层路基

(g) 施工第五层路基　　　　　　　　　(h) 施工第六层路基

(i) 堆载预压　　　　　　　　　　　　(j) 固结

图 4.15　孔压分布云图

4.2.2.2 超孔压与时间关系

超孔压随时间的消散规律及对比见图4.16。超孔压在填筑过程中的上升与消散规律与实测数据变化趋势较为一致,路基填筑时,超孔压上升;恒载阶段,超孔压减小。

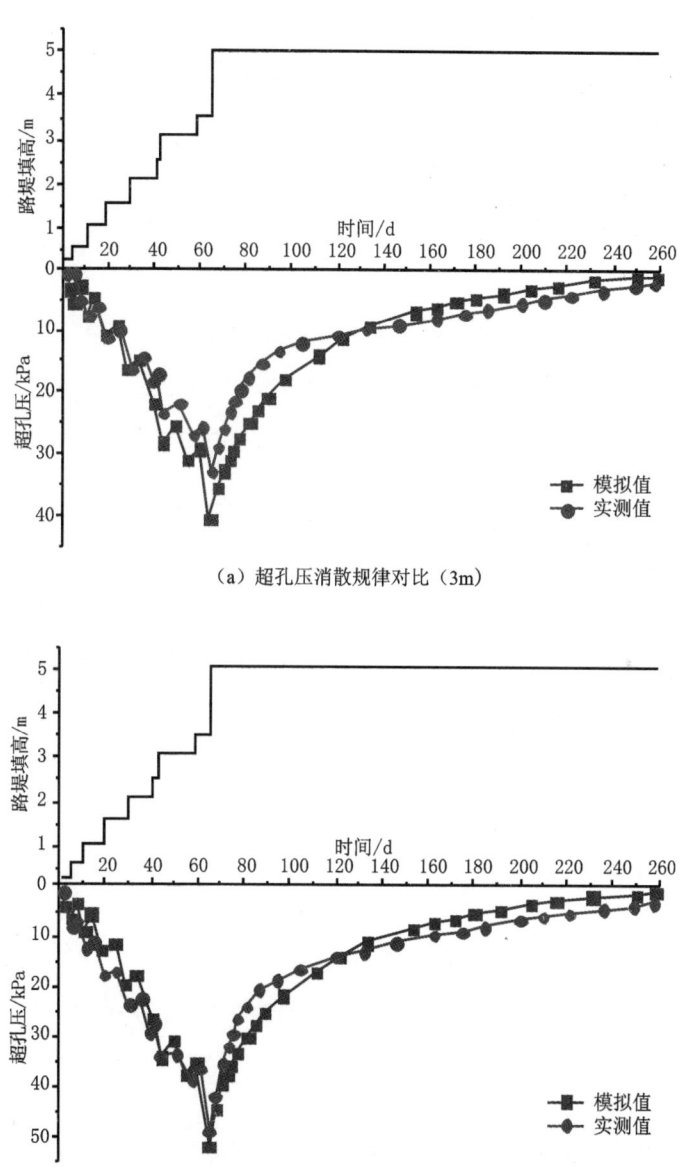

(a) 超孔压消散规律对比 (3m)

(b) 超孔压消散规律对比 (9m)

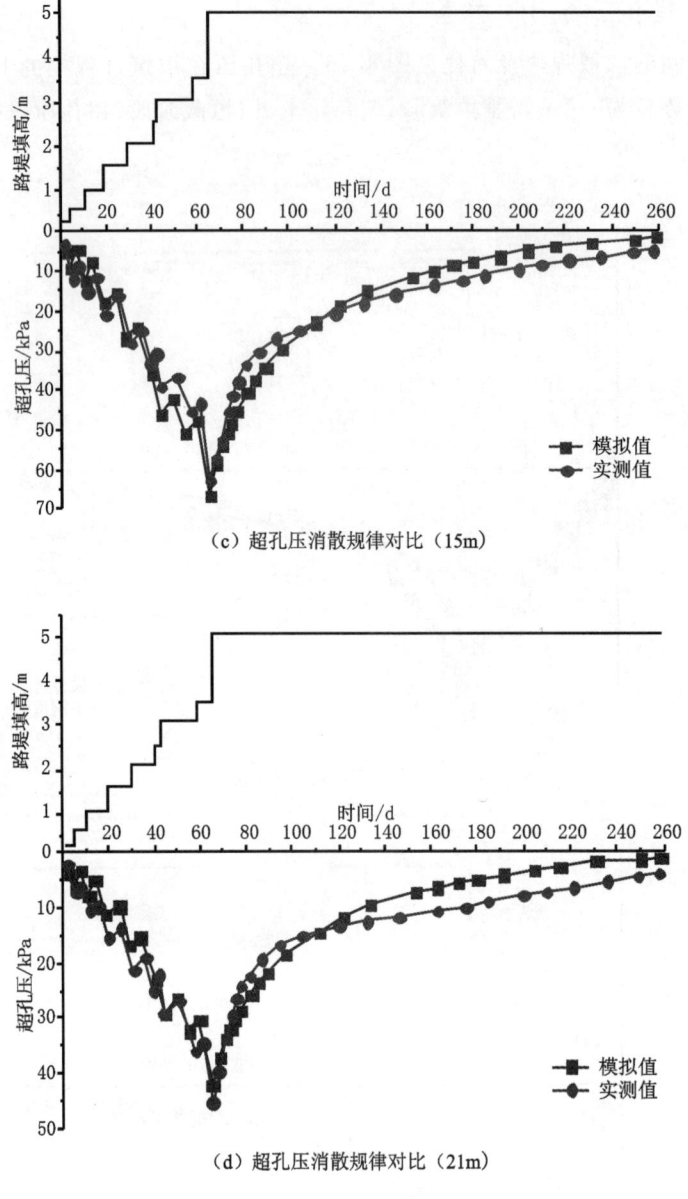

图 4.16 超孔压随时间消散规律对比图

4.2.2.3 超孔压与深度关系

联合处理技术复合地基超孔压与深度关系见图 4.17,超孔压沿深度的分布规律为先增大后减小,与现场试验得到的超孔压变化趋势大体相同,可近似用两段折线描述超孔压沿深度的分布规律;超孔压约在一倍桩长深度内取得最大值,约为 74kPa。

超孔压计算结果与实测规律对比见图 4.18,数值模拟计算得到的超孔压与现场实测的超孔压沿深度分布趋势近似相同,先增大后减小;模拟值最大值为 73.8kPa,实测值最大值为 61.2kPa,两者相差不大。

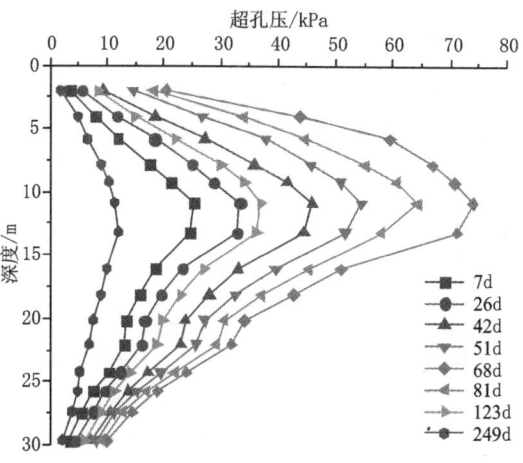

图 4.17 地基土内超孔压分布规律

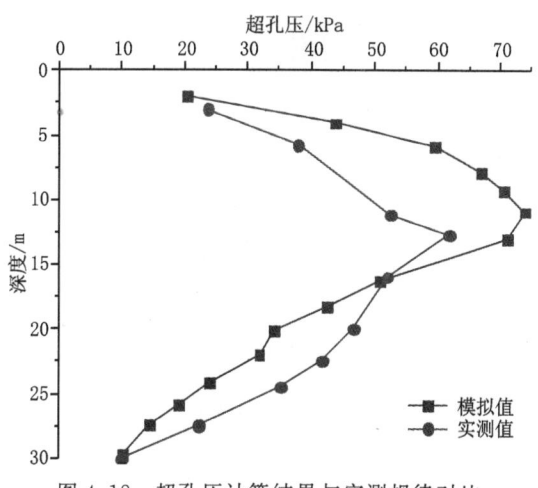

图 4.18 超孔压计算结果与实测规律对比

4.2.3 联合处理技术复合地基荷载传递规律

图 4.19 为路基中心处桩身轴力分布图。路基填筑时,桩顶先承担荷载,最大轴力在桩顶;恒载阶段,桩顶轴力向桩身传递,最大轴力在桩身中部。

路基中心处桩侧摩阻力分布规律见图 4.20。由图可知:桩顶区域承受负摩阻力的作用,桩侧摩阻力呈现两端大、中间小的分布规律;桩身中性点的位置位于 $0.3L\sim0.5L$ 之间;桩顶与桩底处侧摩阻力的斜率都发生了明显的改变,体现了该处桩土界面摩擦进入了塑性状态;虽然桩顶与桩底处的侧摩阻力均发挥到极限状态,但桩底位置的侧摩阻力明显大于桩顶,这表明桩侧摩阻力的发挥不仅仅与桩土相对位移量有关,还与桩土界面承受的压应力有关。

4.2.4 联合处理技术复合地基工后沉降的预测

变形控制是客运专线路基设计、施工的关键,路基的工后变形一般分为两类,即路基本体压密变形及地基的压密变形。大量的实测资料表明:当填料及压实度满足要求时,路基本体

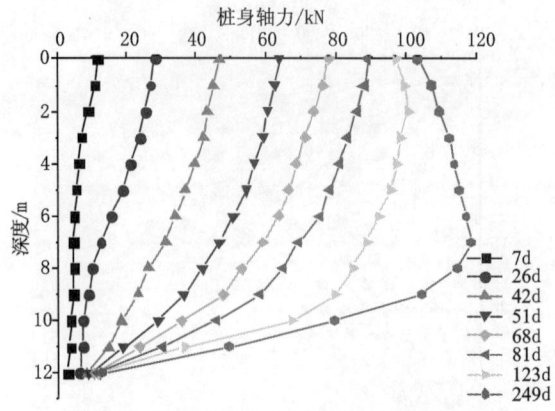

图 4.19 路基中心桩身轴力分布规律图

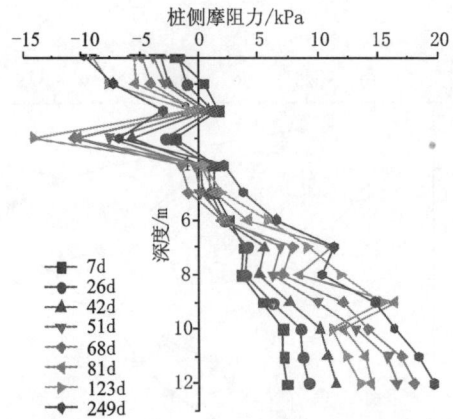

图 4.20 路基中心桩侧摩阻力分布规律图

压密沉降仅占填土高度的 0.1%～0.5%,且完成的时间较快(一般在一年左右可完成),故工后沉降主要考虑由地基沉降引起的沉降量。

4.2.4.1 路基荷载的处理

铁路路基荷载是指路基所承受的荷载,包括列车荷载、路基静荷载和路基动荷载。

(1)列车荷载。列车荷载按规范规定采用《中华人民共和国铁路标准活载》,简称《中—活载》。该活载通过轨道传播到路基面上,在横断面上的分布宽度自轨枕底两端向下扩散计算。

(2)路基静荷载。路基静荷载在普通铁路路基设计中,对路基荷载进行了简化,将列车(活)荷载作为静荷载处理,并把列车(活)荷载和轨道静荷载的总重简化为与路基土质相同的土柱,均匀地作用在路基面上,也称为换算土柱。以之进行路基力学计算。

(3)路基动荷载。路基动荷载对于高速或重载铁路,由于行车速度的提高以及列车密度的增加,路基所受到的荷载增大、作用次数增加,必须考虑列车运行过程中对路基的动态作用力及其重复疲劳作用对路基的影响,称为路基动荷载。路基土体所受的动应力大小及其衰减情况是路基设计中所关心的主要问题。路基面的动应力大小与机车车辆的类型、轨道结构的标准、行车速度、线路不平顺状态等多种因素有关。除可通过理论计算确定之外,现场实测也是极其重要和直接的手段。国内外的实测数据表明,路基所受的动应力随深度而逐渐衰减,根据实测资料认为,一般路基面下 3.0m 处的动应力已经很小,与土体的自重应力相比,甚至可以忽略不计。

(4)路基荷载的确定。铁路路基荷载计算过程中,考虑路基动荷载,将动荷载对路基的作用效果等效为静荷载,并与列车荷载以及路基静荷载叠加。根据提供的资料,铁路路基荷载取为 55.4kPa。

4.2.4.2 数值分析模型的建立及结果分析

1) 数值分析模型

工后沉降预测模型的参数以及平面应变等效处理与 4.1 节相同,在 4.1 节的数值模型基础上,增加两个分析步,分别为"remove Preloading load"和"railway bed load"。"remove Preloading load"为分析步移除预压荷载,"railway bed load"为分析步施加路基荷载,模型如图 4.21 所示。

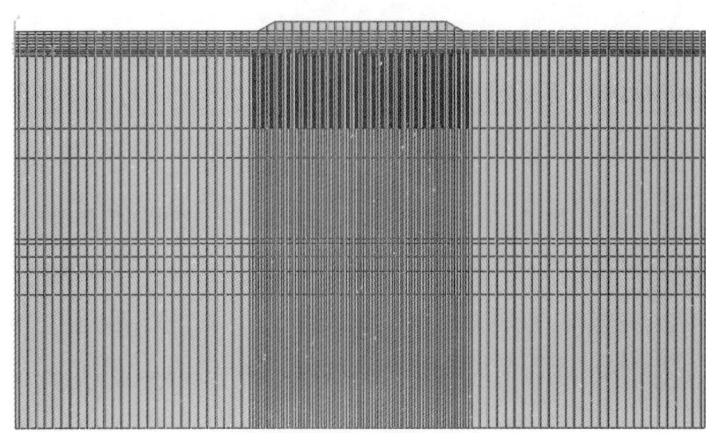

图 4.21 工后沉降预测模型

2) 自定义语句

在.inp 文件中添加 remove Preloading load 分析步语句如下:

```
** STEP:remove Preloading load
*Step, name="remove Preloading load", nlgeom=YES, unsymm=YES
*Soils, consolidation, end=PERIOD, utol=5., creep=none
1., 16., 0.0016, 1.,
** INTERACTIONS
** Interaction: load
*Model Change, remove
Preloading load,
** OUTPUT REQUESTS
*Restart, write, frequency=0
```

** FIELD OUTPUT：F-Output-1

*Output，field

*Node Output

CF，POR，RF，U

*Element Output，directions=YES

LE，PEEQ，S，SAT，VOIDR

*Contact Output

CDISP，CSTRESS

** HISTORY OUTPUT：H-Output-1

*Output，history，variable=PRESELECT

*End Step

在.inp 文件中添加 railway bed load 分析步语句如下：

** STEP：railway bed load

*Step，name="railway bed load"，nlgeom=YES，unsymm=YES

*Soils，consolidation，end=PERIOD，utol=5.，creep=none

1.，1095.，0.109 5，60.，

** LOADS

** Name：Railway bed load　　Type：Pressure

*Dsload

load2，P，-55.4.

** OUTPUT REQUESTS

*Restart，write，frequency=0

** FIELD OUTPUT：F-Output-1

*Output，field

*Node Output

CF，POR，RF，U

*Element Output，directions=YES

LE，PEEQ，S，SAT，VOIDR

*Contact Output

CDISP，CSTRESS

** HISTORY OUTPUT：H-Output-1

*Output，history，variable=PRESELECT

*End Step

3）工后沉降结果分析

（1）铁路路基沉降控制标准。不同路基工后沉降控制值见表4.2，穿山港软基处理工程铁路路基为有砟轨道，一般地段工后沉降须控制在 150mm 内，沉降速率控制在 40mm/年。

表 4.2　不同路基工后沉降控制值

铁路类别			一般地段工后沉降/mm	桥台台尾过渡段工后沉降（差异沉降）/mm	沉降速率/(mm/a)
有砟轨道	客货共线铁路	200km/h	150	80	40
		200km/h 以下 Ⅰ级	200	100	50
		200km/h 以下 Ⅱ级	300	150	60
	高速铁路	300km/h、350km/h	50	30	20
		250km/h	100	50	30
	城际铁路	200km/h	150	80	40
		160km/h、120km/h	200	100	50
	重载铁路		200	100	50

(2) 路基左侧工后沉降结果分析。路基左侧的工后沉降如图 4.22 所示，由图可知，移除预压荷载，土体产生回弹，回弹量不大；施加路基荷载后，沉降量增加，前期增加量较大，后期趋于稳定，最大沉降量为 755.37mm。

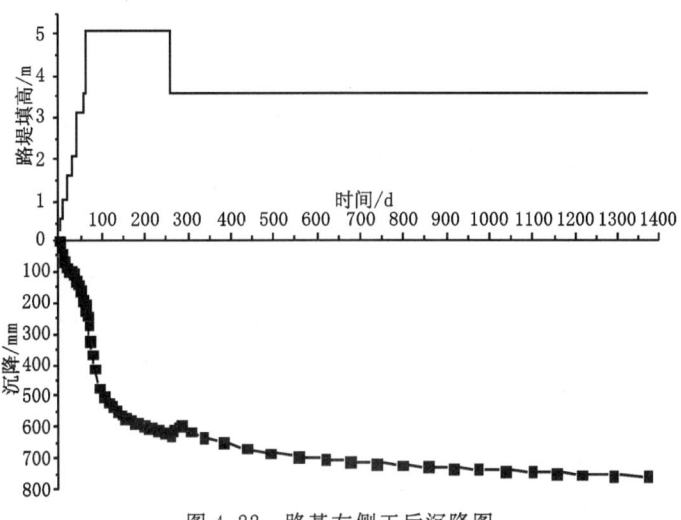

图 4.22　路基左侧工后沉降图

路基左侧工后沉降的沉降量见表 4.3，由表可知，施加运营荷载后的前 6 个月沉降量较大，沉降速率较快，但工后沉降为 134.24mm，小于 150mm，中后期沉降速率小于 40mm/年，满足使用要求。

表 4.3　路基左侧的工后沉降

时间/月	3	6	12	36
工后沉降/mm	31.79	54.30	74.29	134.24

(3)路基中心处工后沉降结果分析。图 4.23 为路基中心处的工后沉降图。在移除预压荷载后,土体产生回弹,但回弹量较小;施加路基荷载后,沉降量增加,前期增加量较大,后期趋于稳定,最大沉降量为 755.37mm。

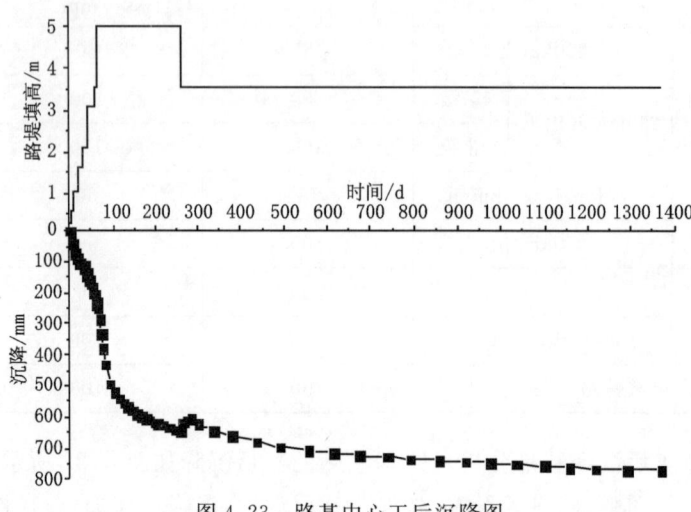

图 4.23 路基中心工后沉降图

路基中心处工后沉降的沉降量见表 4.4。施加运营荷载后的前 6 个月沉降量较大,沉降速率较快,但工后沉降为 125.52mm,小于 150mm,中后期沉降速率小于 40mm/年,满足使用要求。

表 4.4 路基中心的工后沉降

时间/月	3	6	12	36
工后沉降/mm	25.47	42.03	71.53	125.52

(4)路基右侧工后沉降结果分析。图 4.24 为路基右侧的工后沉降图。移除预压荷载后,土体产生回弹,回弹量较小;施加路基荷载后,沉降量增加,前期增加量较大,后期趋于稳定,最大沉降量为 824.13mm。

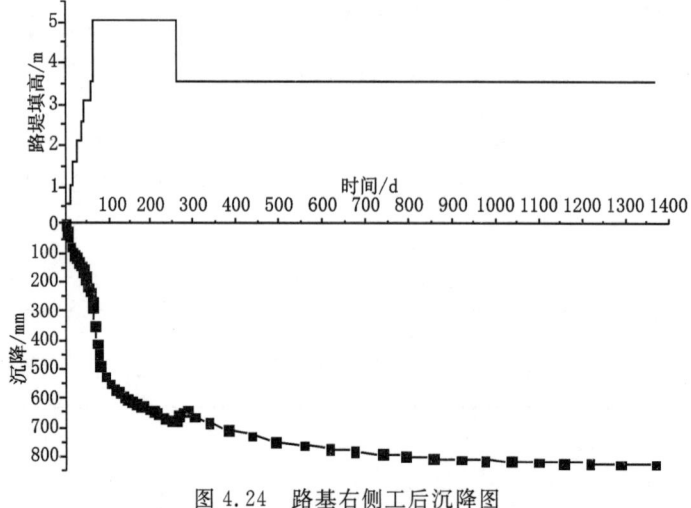

图 4.24 路基右侧工后沉降图

路基右侧工后沉降的沉降量见表 4.5。施加运营荷载后的前 6 个月沉降量较大,沉降速率较快,但工后沉降为 144.21mm,小于 150mm,中后期沉降速率小于 40mm/年,满足使用要求。

表 4.5　路基右侧的工后沉降

时间/月	3	6	12	36
工后沉降/mm	33.46	56.37	86.59	144.21

4.3　联合处理技术复合地基控制因素的影响研究

联合处理技术复合地基控制沉降的关键性因素为搅拌桩桩长、桩间距以及桩身模量,塑料排水板的模量与周围土体相差不大,仅对复合地基的排水性能有影响,对于承载性能的影响基本可以忽略。基于 ABAQUS 有限元模型,通过改变水泥土搅拌桩的参数,可分析桩长、桩间距以及桩身模量对联合处理技术复合地基沉降特性的影响。

4.3.1　联合处理技术复合地基和搅拌桩复合地基的对比分析

为了探讨联合处理技术复合地基和搅拌桩复合地基的差异,利用 ABAQUS 有限元模型对两种复合地基进行数值建模,计算参数采用第 3 章标定过的参数。搅拌桩复合地基模型中桩长、桩间距以及桩身模量与联合处理技术复合地基相同,加载曲线保持一致。

联合处理技术复合地基和搅拌桩复合地基的沉降随时间及深度变化曲线如图 4.25 所示,由图可知:在施加荷载时,联合处理技术复合地基比搅拌桩复合地基的沉降速率更快,在堆载预压完成后的固结阶段表现尤为明显,表明联合处理技术复合地基中塑料排水板改善了复合地基的排水性能,加快了复合地基的固结;联合处理技术复合地基与搅拌桩复合地基最终沉降量基本相同,表明塑料排水板的打设对于复合地基压缩特性的影响并不明显;由两种复合地基的沉降随深度变化曲线可知,塑料排水板提高了深层地基的排水性能,加快了深层土体的固结。

4.3.2　桩长对联合处理技术复合地基沉降特性的影响

为了探讨水泥土搅拌桩的桩长对联合处理技术复合地基沉降特性的影响,对桩长 6m、9m、12m、15m 以及 18m 的复合地基进行计算分析。

6m 桩长的数值模型由于过大的位移导致不收敛,发生失稳破坏,如图 4.26 所示。过短的桩长不能满足稳定性要求。

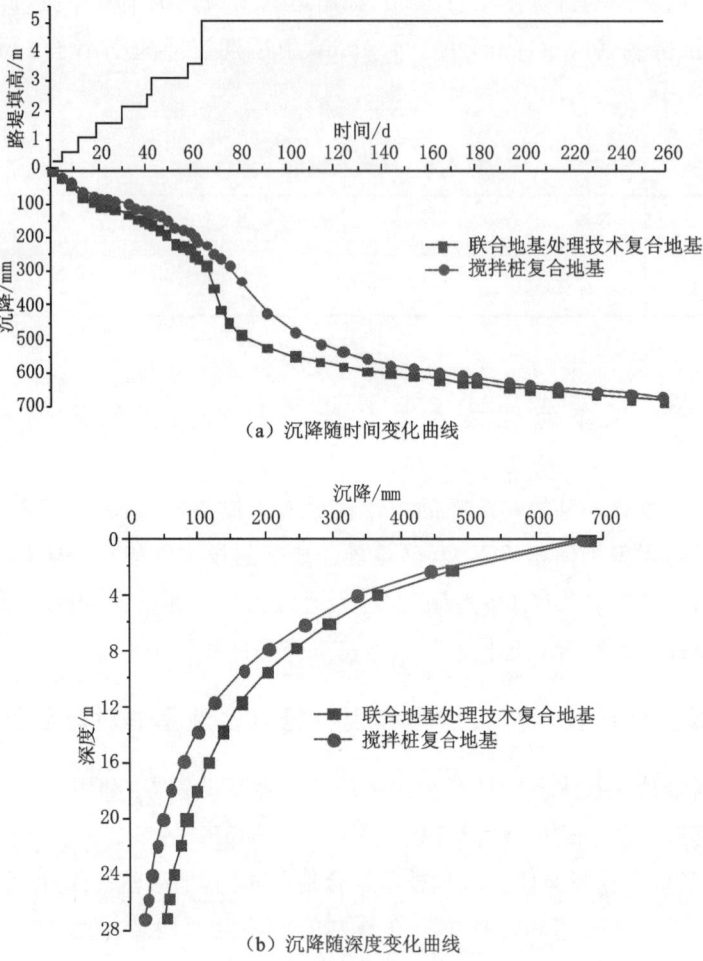

(a) 沉降随时间变化曲线

(b) 沉降随深度变化曲线

图 4.25 复合地基沉降随时间及深度变化曲线

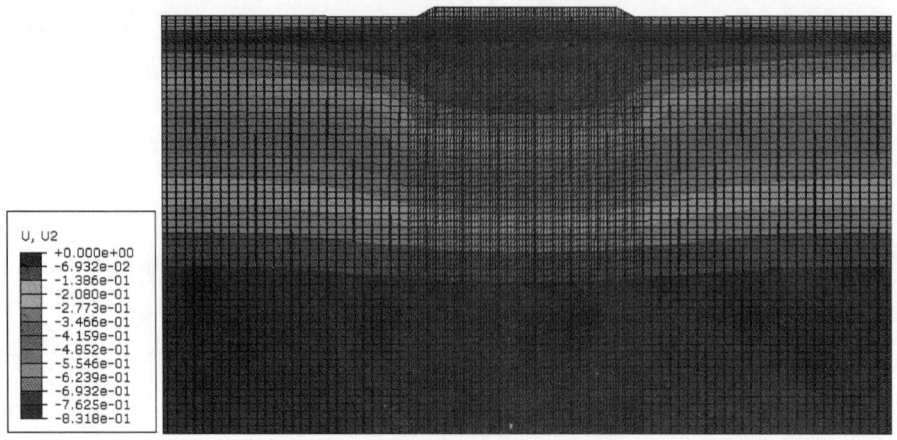

图 4.26 失稳破坏(6m 有限元模型)

图 4.27 为地基土沉降随时间发展规律的对比图,图 4.28 为地基土沉降随深度的发展规律对比图,地基土总沉降与桩长关系见图 4.29。根据计算结果,桩长 6m 的复合地基模型无法满足承载要求,会发生失稳破坏;桩长 9~15m,随着桩长的增加,地基总沉降量不断减小;大于 18m 的桩长对联合处理技术复合地基的总沉降量影响相对较小,综合考虑施工成本等因素,桩长选择 9~15m 范围是合理的。

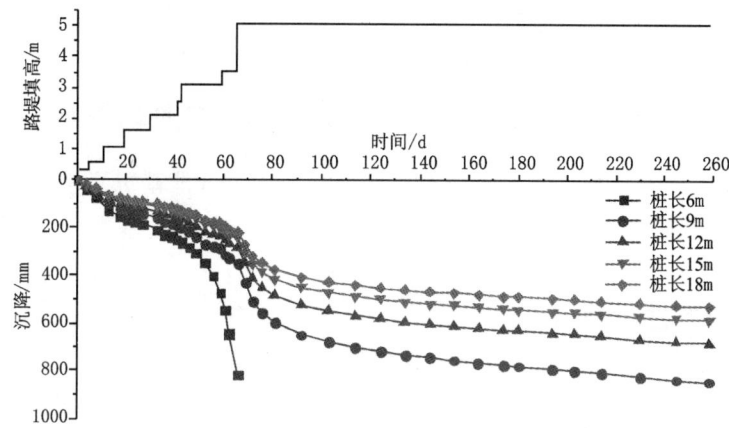

图 4.27　地基土沉降随时间发展规律对比图

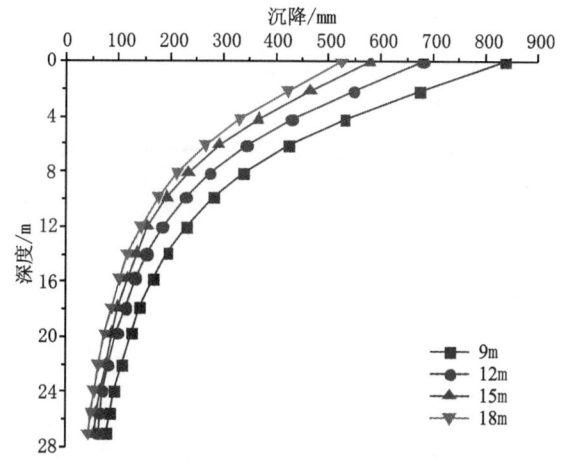

图 4.28　地基土沉降随深度的发展规律

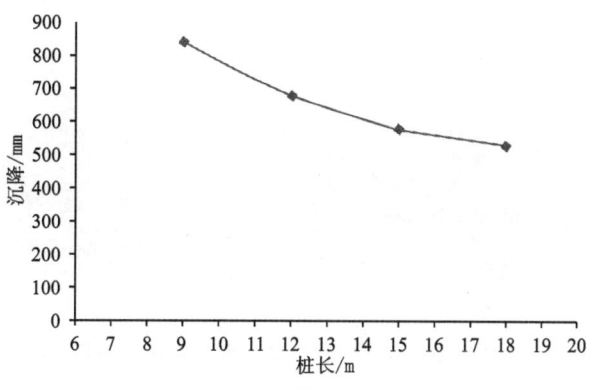

图 4.29　地基土总沉降随桩长的变化规律

4.3.3 桩间距对联合处理技术复合地基沉降特性的影响

分别取桩间距1.0m、1.2m、1.4m、1.6m以及1.8m的复合地基进行计算。

图4.30为地基土沉降随时间发展规律的对比图,图4.31为不同桩间距时地基土深层沉降发展规律图,图4.32为地基土沉降随桩间距变化规律图。根据计算结果,随着桩间距的增加,总沉降量逐渐增大;1.0~1.4m范围内改变桩间距,深度在桩长范围内的地基土沉降量变化相对较小。因此,应根据施工进度综合考虑,选取最经济的桩间距。

4.3.4 桩身模量对联合处理技术复合地基沉降特性的影响

为了探讨水泥土搅拌桩的桩身模量对联合处理技术复合地基沉降特性的影响,分别取桩身模量60MPa、80MPa、100MPa、150MPa以及200MPa的复合地基进行了计算。

图4.33为地基土沉降随时间发展规律图。由图可知,随着桩身模量的增大,总沉降量减小,复合地基承载性能有所改善;桩身模量在150~200MPa的复合地基总沉降量相差不大,过分增大桩身模量对复合地基承载性能的提高效果不明显。

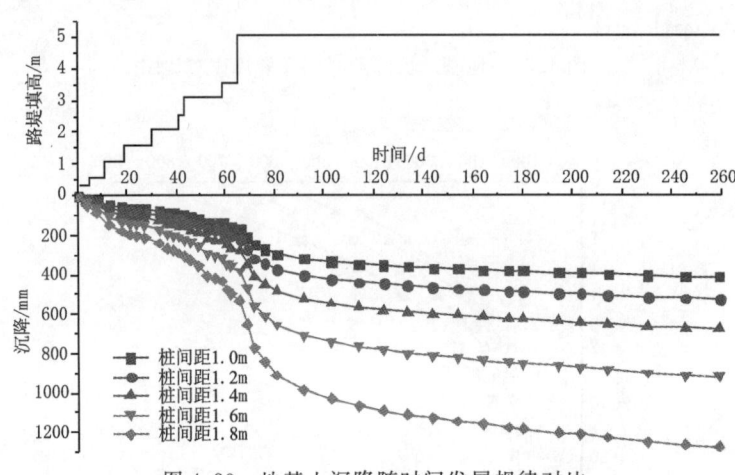

图4.30 地基土沉降随时间发展规律对比

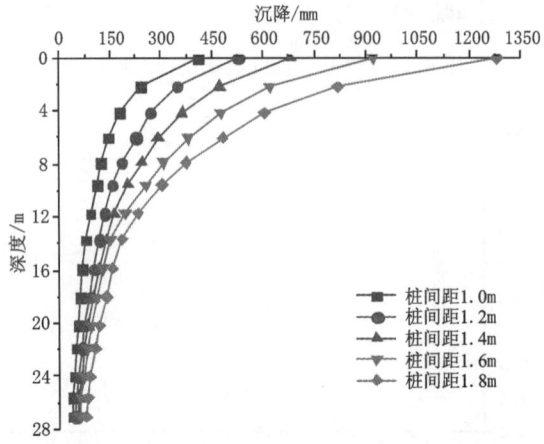

图4.31 不同桩间距地基土深层沉降发展规律

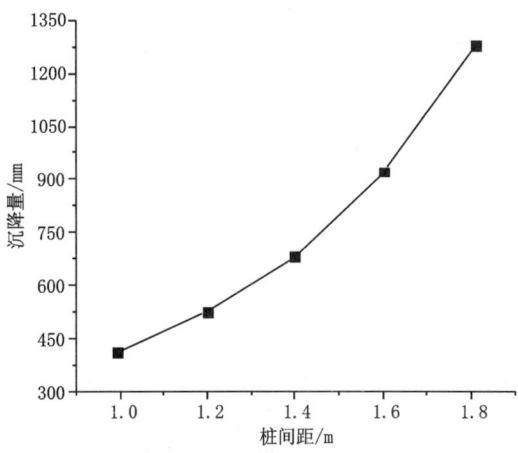

图 4.32 地基土总沉降随桩间距的变化规律

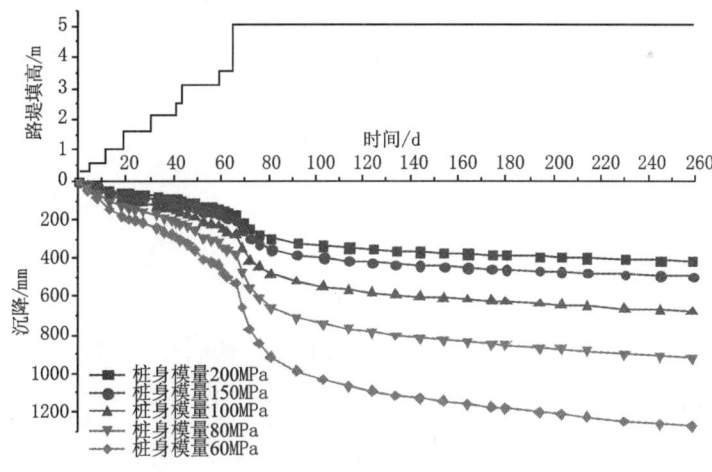

图 4.33 地基土沉降随时间发展规律对比

地基土沉降随深度发展规律见图 4.34。由图可知,改变水泥土搅拌桩的桩身模量对于地基土深层沉降的影响较小,仅对深度在 0~0.8 倍桩长范围内的地基土影响较大。

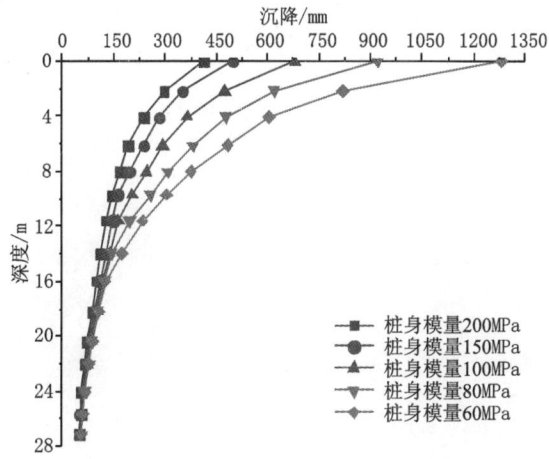

图 4.34 地基土沉降随深度的发展规律

地基土总沉降随桩身模量的变化规律见图 4.35。由图可知,随着桩身模量的增加,沉降-桩身模量曲线的斜率逐渐减小,应根据施工进度综合考虑,选取经济的桩身模量。

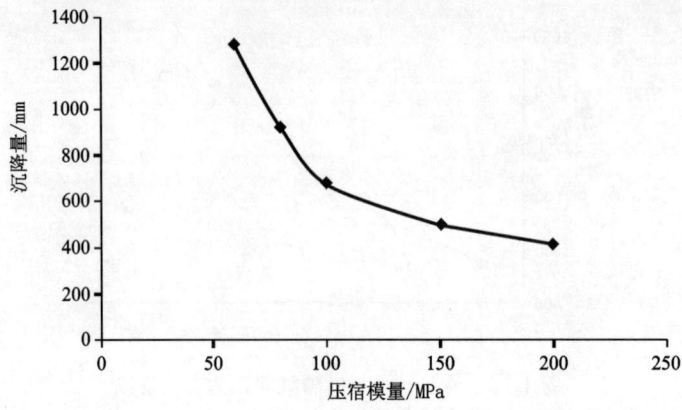

图 4.35　地基土总沉降随桩身模量的变化规律图

第5章 联合处理技术复合地基承载力的确定

复合地基承载力的计算一般采用复合求和法,即分别确定桩体和桩间土的承载力,再依据一定的原则将两者叠加得到复合地基承载力。采用联合地基处理技术处理深厚饱和软黏土路基,复合地基的承载力也可借鉴该方法,但联合地基处理技术不同于常规的地基处理技术,联合地基处理技术桩土之间应力协调比较复杂,需对复合求和法加以修正,使其适用于联合地基处理技术复合地基承载力的计算。

5.1 常规柔性桩复合地基求解方法

常规柔性桩复合地基采用复合求和法求解,复合求和法综合考虑桩体以及土体所承担的荷载。复合求和法可表示为:

$$f_{sp,k} = mf_{p,k} + \beta(1-m)f_{s,k} \tag{5.1}$$

式中:$f_{sp,k}$ 为复合地基承载力特征值;$f_{p,k}$ 为桩体承载力特征值,可由柔性桩桩体承载力方法求得;$f_{s,k}$ 为桩间土承载力特征值,可由桩间土承载力方法求得;β 为桩间土承载力折减系数。

5.1.1 柔性桩桩体承载力的确定

桩土相对刚度较小的桩可称为柔性桩,由深层搅拌法和高压旋喷法设置的水泥土搅拌桩以及各类灰土桩等一般属于柔性桩。柔性桩的承载力取决于由桩周土和桩端土的抗力可能提供的单桩竖向抗压承载力和由桩体材料强度可能提供的单桩竖向抗压承载力,取二者中较小值作为桩的承载力。

(1)按桩周土和桩端土提供的抗力计算:

$$R_a = u_p \sum q_{sui}l_i + aA_pq_p \tag{5.2}$$

式中:R_a 为单桩竖向承载力特征值;u_p 为桩周长;q_{sui} 为第 i 层桩间土的摩阻力特征值;l_i 为桩周 i 层土的厚度;a 为桩端天然地基土的承载力折减系数,对搅拌桩可取 0.4~0.6;A_p 为桩的截面积;q_p 为桩端土未经修正的承载力特征值。

(2)按桩体材料强度计算:

$$f_{pk} = \eta f_{cu} \tag{5.3}$$

式中:f_{pk} 为桩体承载力特征值;f_{cu} 为桩体材料的无侧限抗压强度平均值;η 为强度折减系数。

单桩竖向承载力标准值：

$$R_a = f_{pk} A_p \tag{5.4}$$

式中：R_a 为单桩竖向承载力特征值；A_p 为桩的截面积。

5.1.2 桩间土承载力的确定

根据天然地基载荷板试验结果，或根据其他室内外土工试验资料可以确定天然地基承载力。复合地基中桩间土地基承载力与天然地基承载力密切相关，但两者并不完全相同。一般情况下，桩间土极限承载力与天然地基承载力两者差别较小，或者虽有一定差别，但当桩间土地基承载力比天然地基承载力大且又较难计算时，在工程中，常用天然地基承载力值作为桩间土地基承载力。

桩间土地基承载力有别于天然地基承载力的主要影响因素有下列几个方面：①桩的设置过程对桩间土的挤密作用，采用振动沉管桩法施工影响尤为明显；②在软黏土地基设置桩体过程中，由于振动、挤压、扰动等原因，使桩间土中出现超孔隙水压力，土体强度有所降低，但复合地基施工完成后，一方面随时间发展原地基土的结构强度逐渐恢复，另一方面地基中超孔隙水压力消散，桩间土中有效应力增大，抗剪强度提高，从而桩间土地基承载力大于天然地基承载力；③桩体材料性质有时也对桩间土强度有影响；④桩的遮拦作用也使桩间土地基承载力得到提高。以上影响因素大多使桩间土地基承载力高于天然地基承载力。

复合地基承载力计算式中的天然地基极限承载力或天然地基承载力特征值等可通过载荷试验确定，也可根据土工试验资料和相应规范确定。

5.2 联合地基处理技术复合地基承载力的计算

复合求和法适用于柔性桩复合地基的承载力求解，直接应用于联合地基处理技术复合地基承载力的求解会产生较大的误差，因此根据穿山港软基处理工程的现场试验对复合求和法加以修正，引入联合地基处理技术修正系数 α。联合地基处理技术复合地基承载力的公式为：

$$f'_{sp,k} = \alpha [m f'_{p,k} + \beta(1-m) f'_{s,k}] \tag{5.5}$$

式中：$f'_{sp,k}$ 为联合地基处理技术复合地基的承载力特征值；$f'_{p,k}$ 为搅拌桩承载力特征值，可由现场试验获取；$f'_{s,k}$ 为桩间土承载力特征值，可由现场试验获取；m 为置换率，穿山港软基处理项目中，m 取为 0.196；β 为桩间土承载力折减系数，对摩擦型桩取 0.5~1.0，对摩擦支承桩取为 0.1~0.4；α 为联合地基处理技术修正系数。

联合地基处理技术复合地基承载力公式包含 5 个参数。其中，置换率 m 以及修正系数 β 可以当作已知量；桩体承载力特征值 $f'_{p,k}$ 以及桩间土体承载力特征值 $f'_{s,k}$ 根据现场桩土应力试验测得，两者随着时间的变化，承载力特征值并不是恒定值，因此需要探讨联合地基处理技术复合地基的承载性能，考虑各项因素综合取值。联合地基处理技术修正系数 α 可根据穿山港软基处理项目进行的现场试验进行推算。

为便于计算，土体承载力特征值按现场试验得到的结果统一取 100kPa。桩体承载力特征值和复合地基承载力特征值根据现场静载试验结果取值，桩间土承载力折减系数取 1，从而推算出修正系数为 1.32。该系数适用于类似条件下采用联合处理技术的工程。对于不同情况下的修正系数应根据试验数据进行推算。

第 6 章 联合处理技术复合地基沉降计算方法

土是自然、历史的产物,土层分布不确定性因素很多,土的本构模型也很复杂。对自然条件的依赖性和条件的不确定性,计算条件的模糊性和信息的不完全性,参数的不确定性和测试方法的多样性,使得精确计算土体沉降比较困难。目前,复合地基沉降计算理论远远落后于工程实践的需要。

6.1 常规复合地基沉降计算模式

在各类实用计算方法中,通常把复合地基沉降量分为两部分:复合地基加固区压缩量和下卧层压缩量。复合地基加固区的压缩量记为 S_1,地基压缩层厚度内下卧层压缩量记为 S_2。因此,在荷载作用下复合地基的总沉降量 S 可表示为这两部分之和,即:

$$S = S_1 + S_2 \tag{6.1}$$

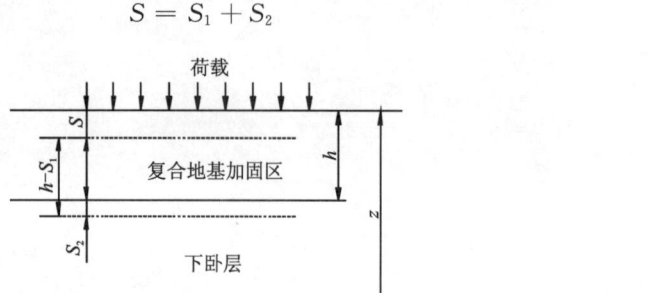

图 6.1 复合地基沉降模型

忽略塑料排水板对复合地基承载性能的影响,联合处理技术复合地基也可分为搅拌桩加固区和下卧层两部分,可分别进行沉降计算。加固区压缩量可采用复合模量法计算,下卧层压缩量采用分层总和法进行计算,下卧层中的附加应力可采用压力扩散法或等代实体法进行计算。复合地基设置有垫层,通常认为垫层压缩量很小,且在施工过程中已基本完成,故可以忽略不计。

6.1.1 加固区土层压缩量计算方法

加固区土层压缩量 S_1 的计算方法主要有复合模量法、应力修正法和桩身压缩量法。以下分别加以介绍:

(1)复合模量法(E_c 法)。将复合地基加固区中增强体和基体两部分视为复合土体,采用

复合压缩模量 E_{cs} 来评价复合土体的压缩性,并采用分层总和法计算加固区土层压缩量。加固区土层压缩量 S_1 的表达式为:

$$S_1 = \sum_{i=1}^{n} \frac{\Delta p_i}{E_{csi}} H_i \tag{6.2}$$

式中:Δp_i 为第 i 层复合土体上附加应力增量;H_i 为第 i 层复合土体的厚度。

竖向增强体复合地基土体压缩模量 E_{cs} 通常采用面积加权平均法计算,即:

$$E_{cs} = mE_{ps} + (1-m)E_{ss} \tag{6.3}$$

式中:E_{ps} 为桩体压缩模量;E_{ss} 为桩间土压缩模量;m 为复合地基置换率。

复合地基土体的压缩模量也可采用弹性理论求出的解析解或数值解。张土乔(1992)采用弹性理论方法,根据复合地基总应变能与桩和桩间土应变能之和相等的原理推出复合地基土体的复合模量公式:

$$E_{cs} = mE_p + (1-m)E_s + \frac{4(\nu_p - \nu_s)^2 K_p K_s G_s (1-m)m}{[mK_p + (1-m)K_s]G_s + K_p K_s} \tag{6.4}$$

式中:$K_p = \dfrac{E_p}{2(1+\nu_p)(1-2\nu_p)}$;$K_s = \dfrac{E_s}{2(1+\nu_s)(1-2\nu_s)}$;$G_s = \dfrac{E_s}{2(1+\nu_s)}$;$E_p$、$E_s$ 分别为桩体和土体的杨氏模量;ν_p、ν_s 分别为桩体和土体的泊松比。

式(6.4)中,第一项和第二项表示面积加权之和,第三项可看成是桩体和桩间土在荷载作用下相互作用引起的复合模量改变量。

在实际工程中,桩和土体的变形并不是相同的,整个加固区也会产生侧向变形。当桩土相对刚度较大时,桩和土的变形差距明显,桩可能刺入下卧层中,不符合等应变假设。因此,复合模量的计算式较适用于桩土相对刚度较小的情况。

(2)应力修正法(E_s 法)。根据复合地基桩间土分担的荷载,按照桩间土的压缩模量,采用分层总和法计算桩间土的压缩量。将计算得到的桩间土的压缩量视为加固区土层的压缩量。该法称为计算复合地基加固区压缩量的应力修正法。

应力修正法计算复合地基加固区土层压缩量的表达式为:

$$S_1 = \sum_{i=1}^{n} \frac{\Delta p_{si}}{E_{si}} H_i = \mu_s \sum_{i=1}^{n} \frac{\Delta p_i}{E_i} H_i = \mu_s S_{1s} \tag{6.5}$$

式中:Δp_i 为天然地基在荷载作用下第 i 层土上的附加应力增量;Δp_{si} 为复合地基第 i 层桩间土上的附加应力增量;S_{1s} 为天然地基在荷载作用下相应厚度内的压缩量;μ_s 为应力修正系数,$\mu_s = \dfrac{1}{1+m(n-1)}$;$n$ 为桩土应力比。

式(6.5)形式虽然简单,但存在一些问题。设计计算中引入的应力修正系数 μ_s 值是难以合理确定的;复合地基桩土应力比不同于置换率,难以直接确定;计算过程中,忽略增强体的存在将使计算值大于实际压缩量。

(3)桩身压缩量法(E_p 法)。在荷载作用下复合地基加固区的压缩量也可通过计算桩体压缩量得到。设桩底端刺入下卧层的沉降变形量为 Δ,则相应加固区土层的压缩量 S_1 的计算式为:

$$S_1 = S_p + \Delta \tag{6.6}$$

式中：S_p 为桩身压缩量；Δ 为桩底端刺入下卧层土体的刺入量。

桩身压缩量法中，桩身压缩量与桩体中轴力沿深度分布有关，而桩体中轴力与荷载分担比、桩体相对刚度等因素有关，桩体轴力沿深度分布计算是比较困难的。桩底刺入量计算模型很多，但工程实用性较差，因此用桩身压缩量法计算复合地基加固区困难比较大，但桩身压缩量法思路清晰，用于估计加固区压缩量比较有效。

6.1.2 下卧层土层压缩量的计算方法

下卧层土层压缩量 S_2 的计算常采用分层总和法计算，即：

$$S_2 = \sum_{i=1}^{n} \frac{e_{1i} - e_{2i}}{1 + e_{1i}} H_i = \sum_{i=1}^{n} \frac{a_i(p_{2i} - p_{1i})}{1 + e_{1i}} H_i = \sum_{i=1}^{n} \frac{\Delta p_i}{E_{si}} H_i \tag{6.7}$$

式中：e_{1i} 为根据第 i 分层的自重应力平均值 $\frac{\sigma_{ci} + \sigma_{c(i+1)}}{2}$（即 p_{1i}）从土的压缩曲线上得到的相应的孔隙比；σ_{ci}、$\sigma_{c(i+1)}$ 分别为第 i 分层底面处和顶面处的自重应力；e_{2i} 为根据第 i 分层的自重应力平均值 $\frac{\sigma_{ci} + \sigma_{c(i+1)}}{2}$ 与附加应力平均值 $\frac{\sigma_{zi} + \sigma_{z(i+1)}}{2}$ 之和（即 p_{2i}），从土的压缩曲线上得到相应的孔隙比；σ_{zi}、$\sigma_{z(i+1)}$ 分别为第 i 分层土底面处和顶面处的附加应力；H_i 为第 i 分层土的厚度；a_i 为第 i 分层土的压缩系数；E_{si} 为第 i 分层土的压缩模量。

在计算复合地基加固区下卧层压缩量 S_2 时，作用在下卧层上的荷载较难计算，工程上常采用下述方法进行计算。

(1)压力扩散法。若复合地基上作用荷载为 p，复合地基加固区压力扩散角为 β，如图 6.2 所示，则作用在下卧层上的荷载 p_b 为：

$$p_b = \frac{BDp}{(B + 2h\tan\beta)+(D + 2h\tan\beta)} \tag{6.8}$$

式中：B 为复合地基上荷载作用宽度；D 为复合地基上荷载作用长度；h 为复合地基加固区厚度。

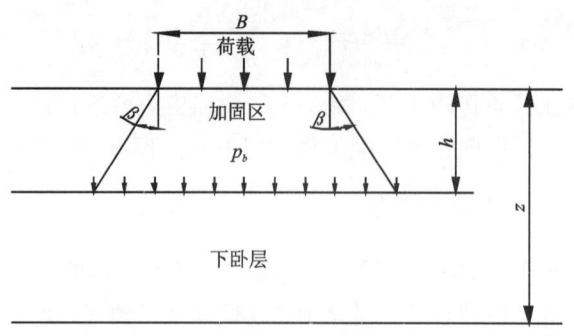

图 6.2 压力扩散法

(2)等效实体法。将复合地基视为一等效实体，作用在下卧层上的荷载作用面与作用在复合地基上的荷载作用面相同，如图 6.3 所示。在等效实体四周作用有侧摩阻力，设侧摩阻力密度为 f，则复合地基加固区下卧层上荷载 p_b 为：

$$p_b = \frac{BDp - (2B + 2D)hf}{BD} \tag{6.9}$$

式中：B 为复合地基上荷载作用宽度；D 为复合地基上荷载作用长度；h 为复合地基加固区厚度。

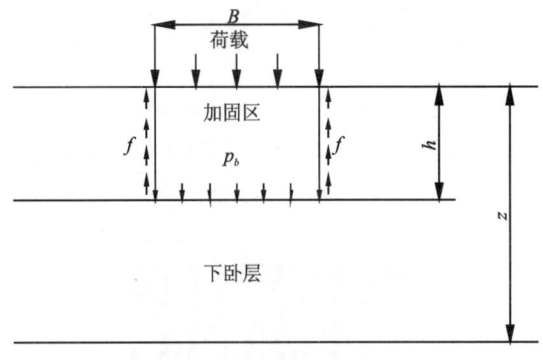

图 6.3　等效实体法

(3)改进 Geddes 法。复合地基总荷载为 P，桩体承担 P_p，桩间土承担 $P_s = P - P_p$。桩间土承担荷载 P_s 在地基中所产生的竖向应力 σ_z，其计算方法和天然地基中应力计算方法相同，可采用布辛奈斯克解。桩体承担的荷载 P_p 在地基中所产生的竖向应力采用 Geddes 法计算。然后叠加两部分应力得到地基中的总竖向应力，再采用分层总和法计算复合地基加固区下卧层压缩量。

S. D. Geddes 认为长度为 L 的单桩在荷载 Q 作用下对地基土产生的作用力，可近似视作图 6.4 所示的桩端集中力 Q_p、桩侧均匀分布的摩阻力 Q_r 和桩侧随深度增长的分布摩阻力 Q_t 3 种形式荷载的组合。

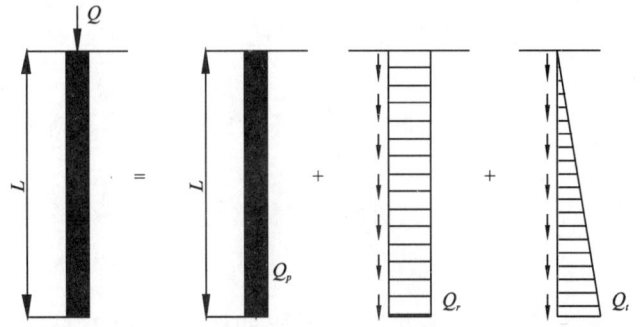

图 6.4　单桩荷载分解为 3 种形式的荷载组合

S. D. Geddes 根据弹性理论半无限体中作用一集中力的 Mindlin 应力解积分，导出了单桩在地基中产生的应力计算公式。地基中的竖向应力 σ_z, Q 为：

$$\begin{aligned}\sigma_z, Q &= \sigma_z, Q_p + \sigma_z, Q_r + \sigma_z, Q_t \\ &= Q_p K_p / L^2 + Q_r K_r / L^2 + Q_t K_t / L^2\end{aligned} \tag{6.10}$$

式中：K_p、K_r、K_t 分别为竖向应力系数，其表达式较为繁杂，详见 Geddes 文献。

对于由 n 根桩组成的桩群，地基中竖向应力可逐根采用式(6.10)计算后叠加求得。由桩

体荷载 P_p 和桩间土荷载 P_s 共同产生的地基中竖向应力表达式为：

$$\sigma_z = \sum_{i=1}^n (\sigma_z, Q_p^i + \sigma_z, Q_r^i + \sigma_z, Q_t^i) + \sigma_z, P_s \tag{6.11}$$

6.2 联合处理技术复合地基的沉降计算方法

长板-短桩复合地基可划分为长板-短桩共同作用层、塑料排水板单作用层以及下卧层，如图 6.5 所示。其中，塑料排水板单作用层以及下卧层仅在排水速率方面有所不同，可采用分层总和法分别计算单作用层以及下卧层的沉降量。

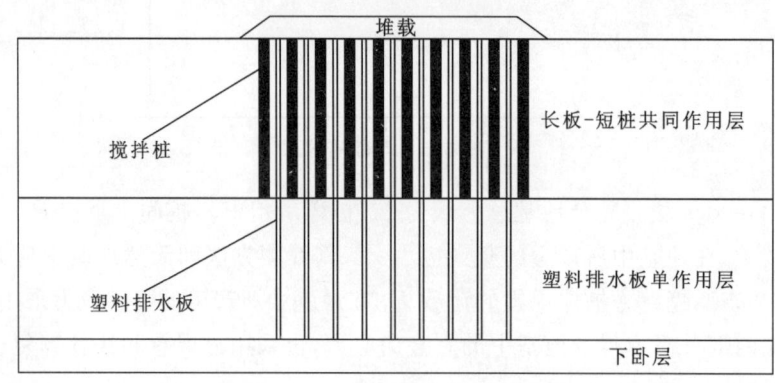

图 6.5 长板-短桩复合地基分层模型

本章采用如下基本假设。

(1) 搅拌桩布置均匀且桩长相同，路堤宽度远大于桩长；群桩效应忽略不计，不考虑桩与桩之间的相互作用，可以应用单元体的计算方法。

(2) 桩端土体符合 Winkler 地基模型，即地基任一点所受的压强 P 只与该点的地基变形 S 成正比；垫层和土体为均质弹性体。

(3) 计算长板-短桩复合地基的沉降时，可以不考虑塑料排水板对复合地基承载特性的影响；复合地基的沉降量主要受搅拌桩控制。

(4) 搅拌桩与桩间土体的沉降量差值即为位移错动，且在一个平面上的桩间土体的沉降相等。

6.2.1 长板-短桩复合地基共同作用层的沉降计算方法

复合地基荷载传递规律是沉降计算方法的基础。简化长板-短桩复合地基桩土体系荷载传递模型如图 6.6 所示。加载阶段，长板-短桩复合地基总沉降量不断增大。由于桩身模量大于地基土模量，地基土压缩量大于桩顶沉降量，桩顶区域出现负摩擦。随着填土高度的增加，负摩擦区不断增大，桩顶以下区域出现等沉面。荷载足够大时，桩底产生刺入变形。

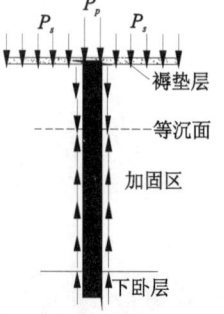

图 6.6 桩土体系荷载传递规律

穿山港站软基处理工程中，搅拌桩及塑料排水板的布置方式按矩形布置。按照面积等效原则,建立解析模型,如图6.7所示。

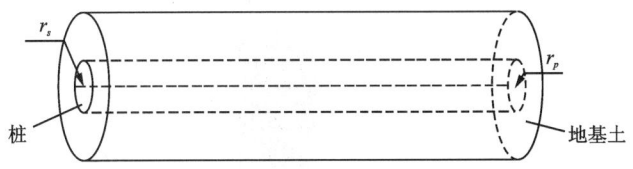

图 6.7 典型单元体模型

Berrum 提出桩侧摩阻力的发挥程度与桩土的相对位移以及桩侧的法向应力有关;当桩土相对位移达到极限值时,极限侧摩阻力恒定不变。本书的研究表明,长板-短桩复合地基桩顶及桩端处极限侧摩阻力有较大区别,极限侧摩阻力并不是一个常数,可近似采用三段折线来描述桩侧摩阻力,沿桩长方向的分布规律如图6.8所示。$0 \sim z_1$ 深度内,桩侧摩阻力完全发挥,达到极限值;$z_1 \sim z_2$ 深度内,地基土处于弹性阶段,桩侧摩阻力沿深度呈线性变化;$z_2 \sim L$ 深度内,桩侧摩阻力完全发挥,达到极限值。

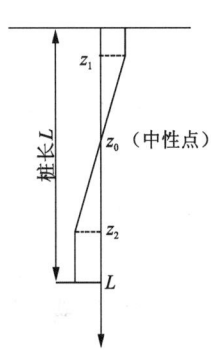

图 6.8 桩侧摩阻力沿深度分布规律

水泥土搅拌桩极限侧摩阻力的计算可分为总应力法和有效应力法。其中,有效应力法又称 β 法,由 Chandler 于 1968 年提出,其表达式为:

$$q_{su} = \sigma'_v(1-\sin\varphi') \cdot \text{tg}\varphi' = \beta\sigma'_v \tag{6.12}$$

式中:q_{su} 为桩极限侧摩擦力;σ'_v 为桩侧计算土层的平均竖向有效应力;φ' 是土体的有效摩擦角;建筑桩基计算规范中,在饱和软土中建议 β 取 $0.15 \sim 0.25$,在粉土中取 $0.25 \sim 0.40$。

当地面有大面积堆载时:

$$q_{su} = \beta \cdot (\sigma'_{vi} + P_s)$$
$$\sigma'_{vi} = \sum_{e=1}^{i-1} \gamma_e \Delta z_e + \frac{1}{2}\gamma_i \Delta z_i \tag{6.13}$$

式中:σ'_{vi} 为第 i 层土的平均竖向有效应力;P_s 为复合地基中地基土所承受的应力;γ_i 和 γ_e 分别为计算第 i 层、第 e 层土体的重度;Δz_i 和 Δz_e 分别为计算第 i 层、第 e 层土体的土层厚度。

式(6.13)的表达过于繁琐,将多层土等效为厚度不变的均质土,即取平均重度,可得表达式如下:

$$\begin{cases} \sigma'_{vi} = \sum_{e=1}^{i-1} \gamma_e \Delta z_e + \frac{1}{2}\gamma_i \Delta z_i = \gamma_s \sum_{e=1}^{i} \Delta z_e \\ q_{su} = \beta \cdot (\gamma_s z + P_s) \end{cases} \tag{6.14}$$

由上式可进一步得到桩侧摩阻力分段表达式为:

$$q_{sui} = \begin{cases} -\beta(\gamma_s \dfrac{z_1}{2} + P_s) & 0 \leqslant z \leqslant z_1 \\ \beta(\gamma_s \dfrac{L+z_2+z_1}{2} + 2P_s) \cdot \dfrac{z-z_1}{z_2-z_1} - \beta(\gamma_s \dfrac{z_1}{2} + P_s) & z_1 \leqslant z \leqslant z_2 \\ \beta(\gamma_s \dfrac{L+z_2}{2} + P_s) & z_2 \leqslant z \leqslant L \end{cases} \tag{6.15}$$

图 6.9 为桩体微元体竖向受力示意图,地基土及桩沉降完成后处于平衡状态。

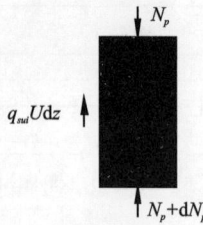

图 6.9　桩体微元体竖向受力示意图

桩体微元体的竖向平衡条件有:

$$(\sigma_{pz} + d\sigma_{pz})\pi r_p^2 + 2\pi r_p q_{sui} dz = \sigma_{pz}\pi r_p^2 \quad (6.16)$$

式中:σ_{pz} 为桩体竖向应力;r_p 为桩体半径。式(6.16)整理后得到:

$$r_p \cdot d\sigma_{pz} = -2 q_{sui} dz \quad (6.17)$$

将桩侧摩阻力分段表达式代入式(6.15)中,并对该式左右两侧进行积分,整理后得到:

$$\sigma_{pzi}(z) = \begin{cases} \dfrac{2\beta z}{r_p}(\gamma_s \dfrac{z_1}{2} + P_s) + C_1 & 0 \leqslant z \leqslant z_1 \\[2mm] -\dfrac{\beta z^2}{r_p(z_2 - z_1)}(\gamma_s \dfrac{z_2 + z_1 + L}{2} + 2P_s) + \\[1mm] \dfrac{\beta z [\gamma_s z_1(L + 2z_2) + 2P_s(z_2 + z_1)]}{r_p(z_2 - z_1)} + C_2 & z_1 \leqslant z \leqslant z_2 \\[2mm] -\dfrac{2\beta z}{r_p}(\gamma_s \dfrac{L + z_2}{2} + P_s) + C_3 & z_2 \leqslant z \leqslant L \end{cases} \quad (6.18)$$

式(6.18)中,C_1 为待定系数,可通过以下边界条件式(6.19)确定:

$$\sigma_{pz}(0) = P_p \quad (6.19)$$

待定系数 C_2 和 C_3 可根据桩身应力连续条件求得。桩身应力连续条件如下:

$$\sigma_{pzi}(z_i) = \sigma_{pz(i+1)}(z_i) \quad i = 1,2 \quad (6.20)$$

将式(6.19)、式(6.20)代入式(6.18)中,可得到待定系数为:

$$\begin{cases} C_1 = P_p \\[1mm] C_2 = P_p + \dfrac{2\beta z_1^2 P_s}{r_p(z_2 - z_1)} - \dfrac{\beta \gamma_s z_1^2}{2r_p(z_2 - z_1)}(z_2 + z_1 + L) \\[2mm] C_3 = P_p + \dfrac{2\beta P_s(z_1^2 + z_2^2)}{r_p(z_2 - z_1)} + \dfrac{\beta \gamma_s}{2r_p}(z_2 + z_1)(z_2 + z_1 + L) \end{cases} \quad (6.21)$$

将 $z = L$ 代入式(6.18)中可以得到桩底平面处应力:

$$P_{pl} = P_p + \dfrac{2\beta P_s(z_1^2 + z_2^2 - Lz_2 + Lz_1)}{r_p(z_2 - z_1)} + \dfrac{\beta \gamma_s}{2r_p}[(z_2 + z_1)^2 + (z_1 - z_2 - 2L)] \quad (6.22)$$

图 6.10 为桩间土微元体竖向受力示意图,地基土及桩沉降完成后处于平衡状态。

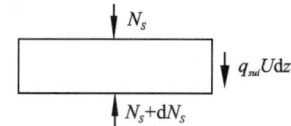

图 6.10 桩间土微元体竖向受力示意图

桩体微元体的竖向平衡条件有:

$$(\sigma_{sz} + \mathrm{d}\sigma_{sz})\pi(r_s^2 - r_p^2) + 2\pi r_p q_{sui}\mathrm{d}z = \sigma_{sz}\pi(r_s^2 - r_p^2) \quad (6.23)$$

式中:σ_{sz} 为桩体竖向应力;r_p 为桩体影响范围内的土体半径。

式(6.23)整理后得到:

$$(r_s^2 - r_p^2) \cdot \mathrm{d}\sigma_{pz} = 2r_p\mathrm{d}z \quad (6.24)$$

将桩侧摩阻力分段表达式代入式(6.24)中,并对该式左右两侧进行积分,整理后得到:

$$\sigma_{szi}(z) = \begin{cases} -\dfrac{2\beta r_p z}{(r_s^2 - r_p^2)}(\gamma_s \dfrac{z_1}{2} + P_s) + C_4 & 0 \leqslant z \leqslant z_1 \\[2mm] \dfrac{\beta r_p z^2}{(r_s^2 - r_p^2)(z_2 - z_1)}(\gamma_s \dfrac{z_2 + z_1 + L}{2} + 2P_s) - \\[2mm] \dfrac{\beta r_p z[\gamma_s z_1(L + 2z_2) + 2P_s(z_2 + z_1)]}{(r_s^2 - r_p^2)(z_2 - z_1)} + C_5 & z_1 \leqslant z \leqslant z_2 \\[2mm] \dfrac{2\beta r_p z}{(r_s^2 - r_p^2)}(\gamma_s \dfrac{L + z_2}{2} + P_s) + C_6 & z_2 \leqslant z \leqslant L \end{cases} \quad (6.25)$$

式(6.25)中,C_4 为待定系数,可通过以下边界条件式(6.26)确定:

$$\sigma_{sz}(0) = P_s \quad (6.26)$$

待定系数 C_5 和 C_6 可根据桩身应力连续条件求得。桩身应力连续条件如下所示:

$$\sigma_{szi}(z_i) = \sigma_{sz(i+1)}(z_i) \quad i = 1,2 \quad (6.27)$$

将式(6.26)、式(6.27)代入式(6.25)中,可得到待定系数为:

$$\begin{cases} C_4 = P_s \\[2mm] C_5 = P_s - \dfrac{2\beta r_p z_1^2 P_s}{(r_s^2 - r_p^2)(z_2 - z_1)} + \dfrac{\beta r_p \gamma_s z_1^2}{2(r_s^2 - r_p^2)(z_2 - z_1)}(z_2 + z_1 + L) \\[2mm] C_6 = P_s - \dfrac{2\beta r_p P_s(z_1^2 + z_2^2)}{(r_s^2 - r_p^2)(z_2 - z_1)} - \dfrac{\beta r_p \gamma_s}{2(r_s^2 - r_p^2)}(z_2 + z_1)(z_2 + z_1 + L) \end{cases} \quad (6.28)$$

将 $z = L$ 代入式(6.25)中可以得到桩底平面处地基土应力:

$$P_{sl} = P_s - \dfrac{2\beta r_p P_s(z_1^2 + z_2^2 - Lz_2 + Lz_1)}{(r_s^2 - r_p^2)(z_2 - z_1)} - \dfrac{\beta r_p \gamma_s}{2(r_s^2 - r_p^2)}[(z_2 + z_1)^2 + (z_1 - z_2 - 2L)]$$

$$(6.29)$$

由式(6.19)、式(6.29)可得到桩顶以及桩底处的刺入变形为：

$$\Delta_t = C_t(P_p - P_s)$$
$$\Delta_b = C_b(P_{pl} - P_{sl})$$
(6.30)

式中：Δ_t 为桩顶刺入量；Δ_b 为桩端刺入量；C_t 和 C_b 分别为桩顶与桩端土体刚度系数。将式(6.18)、式(6.25)代入应力-应变方程，可得到长板-短桩共同作用层等沉面以上桩体压缩变形量为：

$$\begin{aligned}
D_1 &= \frac{1}{E_{p1}}\left[\int_0^{z_1}\sigma_{pz1}(z)\mathrm{d}z + \int_{z_1}^{\frac{z_1+z_2}{2}}\sigma_{pz2}(z)\mathrm{d}z\right] \\
&= \frac{\beta z_1^2}{r_p E_{p1}}(\gamma_s \frac{z_1}{2} + P_s) + \frac{P_p z_1}{E_{p1}} - \\
&\quad \frac{\beta}{3r_p E_{p1}(z_2-z_1)}(\gamma_s \frac{z_2+z_1+L}{2} + 2P_s)\left[\left(\frac{z_1+z_2}{2}\right)^3 - z_1^3\right] + \\
&\quad \frac{\beta[\gamma_s z_1(L+2z_2) + 2P_s(z_2+z_1)]}{2r_p E_{p1}(z_2-z_1)} \cdot \left[\left(\frac{z_1+z_2}{2}\right)^2 - z_1^2\right] + \\
&\quad \frac{(z_2-z_1)}{2E_{p1}} \cdot \left[P_p + \frac{2\beta z_1^2 P_s}{r_p(z_2-z_1)} - \frac{\beta\gamma_s z_1^2}{2r_p(z_2-z_1)}(z_2+z_1+L)\right]
\end{aligned}$$
(6.31)

式中：D_1 为长板-短桩共同作用层等沉面以上搅拌桩的压缩量；E_{p1} 为该处桩体的等效压缩模量。

长板-短桩共同作用层等沉面以下桩体压缩变形量为：

$$\begin{aligned}
D_2 &= \frac{1}{E_{p2}}\left[\int_{\frac{z_1+z_2}{2}}^{z_2}\sigma_{pz2}(z)\mathrm{d}z + \int_{z_2}^{L}\sigma_{pz3}(z)\mathrm{d}z\right] \\
&= -\frac{\beta}{3r_p E_{p2}(z_2-z_1)}(\gamma_s \frac{z_2+z_1+L}{2} + 2P_s)\left[z_2^3 - \left(\frac{z_2+z_1}{2}\right)^3\right] + \\
&\quad \frac{\beta[\gamma_s z_1(L+2z_2) + 2P_s(z_2+z_1)]}{2r_p E_{p2}(z_2-z_1)}\left[z_2^2 - \left(\frac{z_2+z_1}{2}\right)^2\right] + \\
&\quad \frac{(z_2-z_1)}{2E_{p2}}\left[P_p + \frac{2\beta z_1^2 P_s}{r_p(z_2-z_1)} - \frac{\beta\gamma_s z_1^2}{2r_p(z_2-z_1)}(z_2+z_1+L)\right] - \\
&\quad \frac{\beta}{r_p E_{p2}}(L^2 - z_2^2)(\gamma_s \frac{L+z_2}{2} + P_s) + \\
&\quad \frac{(L-z_2)}{E_{p2}}\left[P_p + \frac{2\beta P_s(z_1^2+z_2^2)}{r_p(z_2-z_1)} + \frac{\beta\gamma_s}{2r_p}(z_2+z_1)(z_2+z_1+L)\right]
\end{aligned}$$
(6.32)

式中：D_2 为长板-短桩共同作用层等沉面以下搅拌桩的压缩量；E_{p2} 为该处桩体的等效压缩模量。

长板-短桩共同作用层等沉面以上土体总压缩量为：

$$S_1 = \frac{1}{E_{s1}}\left[\int_0^{z_1}\sigma_{sz1}(z)\mathrm{d}z + \int_{z_1}^{\frac{z_1+z_2}{2}}\sigma_{sz2}(z)\mathrm{d}z\right]$$

$$= -\frac{\beta r_p z_1^2}{(r_s^2-r_p^2)E_{s1}}(\gamma_s\frac{z_1}{2}+P_s) + \frac{P_s z_1}{E_{s1}} +$$

$$\frac{\beta r_p}{3E_{s1}(r_s^2-r_p^2)(z_2-z_1)}(\gamma_s\frac{z_2+z_1+L}{2}+2P_s)\left[\left(\frac{z_1+z_2}{2}\right)^3 - z_1^3\right] -$$

$$\frac{\beta r_p[\gamma_s z_1(L+2z_2)+2P_s(z_2+z_1)]}{2E_{s1}(r_s^2-r_p^2)(z_2-z_1)} \cdot \left[\left(\frac{z_1+z_2}{2}\right)^2 - z_1^2\right] +$$

$$\frac{(z_2-z_1)}{2E_{s1}} \cdot \left[P_s - \frac{2\beta r_p z_1^2 P_s}{(z_2-z_1)(r_s^2-r_p^2)} + \frac{\beta r_p \gamma_s z_1^2}{2(z_2-z_1)(r_s^2-r_p^2)}(z_2+z_1+L)\right]$$

(6.33)

式中：S_1 为长板-短桩共同作用层等沉面以上桩间土体的压缩量；E_{s1} 为该处土体的等效压缩模量。

长板-短桩共同作用层等沉面以下土体总压缩量为：

$$S_2 = \frac{1}{E_{s2}}\left[\int_{\frac{z_1+z_2}{2}}^{z_2}\sigma_{sz2}(z)\mathrm{d}z + \int_{z_2}^{L}\sigma_{sz3}(z)\mathrm{d}z\right]$$

$$= \frac{\beta r_p}{3E_{s2}(r_s^2-r_p^2)(z_2-z_1)}(\gamma_s\frac{z_2+z_1+L}{2}+2P_s)\left[z_2^3 - \left(\frac{z_2+z_1}{2}\right)^3\right] -$$

$$\frac{\beta r_p[\gamma_s z_1(L+2z_2)+2P_s(z_2+z_1)]}{2(r_s^2-r_p^2)E_{s2}(z_2-z_1)}\left[z_2^2 - \left(\frac{z_2+z_1}{2}\right)^2\right] +$$

$$\frac{(z_2-z_1)}{2E_{s2}}\left[P_s - \frac{2\beta r_p z_1^2 P_s}{(r_s^2-r_p^2)(z_2-z_1)} + \frac{\beta r_p \gamma_s z_1^2}{2(r_s^2-r_p^2)(z_2-z_1)}(z_2+z_1+L)\right] \cdot$$

$$\frac{\beta r_p}{(r_s^2-r_p^2)E_{s2}}(L^2-z_2^2)(\gamma_s\frac{L+z_2}{2}+P_s) +$$

$$\frac{(L-z_2)}{E_{s2}}\left[P_s - \frac{2\beta r_p P_s(z_1^2+z_2^2)}{(r_s^2-r_p^2)(z_2-z_1)} - \frac{\beta r_p \gamma_s}{2(r_s^2-r_p^2)}(z_2+z_1)(z_2+z_1+L)\right]$$

(6.34)

式中：S_2 为长板-短桩共同作用层等沉面以下桩间土体的压缩量；E_{s2} 为该处土体的等效压缩模量。

由复合地基的变形协调条件可知：长板-短桩共同作用层等沉面以上桩体压缩变形量 D_1 与桩顶刺入量 Δ_t 之和为土体的总压缩量 S_1；长板-短桩共同作用层等沉面以下桩体压缩变形量 D_2 与桩端刺入量 Δ_b 之和即为土体的总压缩量 S_2。即有：

$$\begin{cases} D_1 + \Delta_t = S_1 \\ D_2 + \Delta_b = S_2 \end{cases} \quad (6.35)$$

上式在求解过程中，采用桩土应力比确定 P_p 和 P_s，将其代入变形协调方程式(6.35)，求得 z_1 和 z_2，再代入式(6.30)～式(6.34)，即可求得桩体刺入量、桩身压缩量以及共同作用层土体的压缩变形。

6.2.2 长板-短桩复合地基单作用层及下卧层的沉降计算方法

在长板-短桩复合地基塑料排水板单作用层中,塑料排水板对于地基土承载特性的影响忽略不计,故将塑料排水板和下卧层简化为不含排水体的均质土层进行计算。传统的附加应力的计算方法是建立在布辛内斯克(Boussinesq)课题基础上的,布辛内斯克用弹性理论推出了半无限空间弹性体表面作用集中荷载时的附加应力。

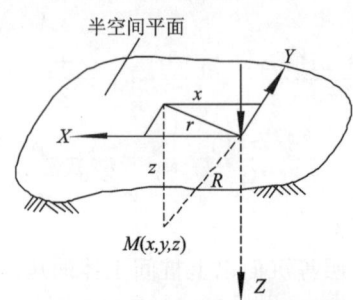

图 6.11 半无限空间内竖向集中力作用下的地基附加应力

但 Boussinesq 公式的推导不适用于长板-短桩复合地基,没有考虑长板-短桩复合地基中桩的影响。本节采用闫宝杰、宋修广等人(2002)提出的 Boussinesq 解和 Mindlin 解联合使用计算附加应力场。

长板-短桩复合地基内任意处的附加应力 σ_z 由两部分组成:搅拌桩分担的荷载以及地基土承担的荷载。地基土分担的荷载 P_s 在长板-短桩复合地基内任意一点产生的竖向附加应力为 σ_{zs},可用 Boussinesq 解求得;搅拌桩分担的荷载 P_p 在长板-短桩复合地基内任意一点产生的竖向附加应力为 σ_{zp},可用 Mindlin 解求得:

$$\sigma_z = \sigma_{zs} + \sigma_{zp} \tag{6.36}$$

地基土分担荷载 P_s 在长板-短桩复合地基内任意一点产生的竖向附加应力为 σ_{zs},由 Boussinesq 解得到,如公式 6.37 所示:

$$\begin{aligned}\sigma_{zs} &= \int_0^B \frac{2P_s}{\pi} \frac{z^3 \mathrm{d}\xi}{[(x-\xi)^2+z^2]^2} \\ &= \frac{P_s}{\pi}\left[\arctan(\frac{m}{n})-\arctan(\frac{m-1}{n})+\frac{mn}{n^2+m^2}-\frac{(m-1)n}{n^2+(m-1)^2}\right] \\ &= K_z^s P_s \end{aligned} \tag{6.37}$$

式中:K_z^s 是竖向附加应力的分布系数;其中,系数 $m=x/B$、$n=z/B$,B 为荷载分布的宽度。

σ_{zp} 的计算采用 Mindlin 解求得,桩身受力作用下地基内任一点的竖向附加应力计算见公式(6.38)。搅拌桩分担的荷载 σ_{zp} 产生的附加应力也可拆分为两部分:桩侧摩阻力产生的附加应力 σ_{zc} 以及桩端阻力产生的附加应力 σ_{zd}。

$$\sigma_{zp} = \sigma_{zd} + \sigma_{zc} \tag{6.38}$$

由 Mindlin 的研究结果可得,当弹性半空间体内 h 处作用集中力 P 时,地基内自地面深度 z 处任意一点的竖向附加应力计算公式为:

$$\sigma_z = \frac{P}{8\pi(1-\mu)}\left[-\frac{(1-2\mu)(z-h)}{R_1^3}+\frac{(1-2\mu)(z-h)}{R_2^3}-\frac{3(z-h)}{R_1^5}-\right.$$
$$\left.\frac{3z(3-4\mu)(z+h)^2-3h(z+h)(5z-h)}{R_2^5}-\frac{30hz(z+h)^3}{R_2^7}\right] \quad (6.39)$$

式中：$R_1 = [r^2+(z-h)^2]^{0.5}$；$R_2 = [r^2+(z+h)^2]^{0.5}$。

根据长板-短桩复合地基水泥土和塑料排水板共同作用层的推导结果，桩底应力为 P_{pl}，因此桩端阻力产生的附加应力为：

$$\sigma_{zd} = \frac{r_p^2 P_{pl}}{8(1-\mu)}\left[-\frac{(1-2\mu)(z-h)}{R_1^3}+\frac{(1-2\mu)(z-h)}{R_2^3}-\frac{3(z-h)}{R_1^5}-\right.$$
$$\left.\frac{3z(3-4\mu)(z+h)^2-3h(z+h)(5z-h)}{R_2^5}-\frac{30hz(z+h)^3}{R_2^7}\right] \quad (6.40)$$

桩侧摩阻力在深度 z 处引起的附加应力可根据式(6.15)及式(6.40)分段计算附加应力，为了简便计算，令：

$$f(c) = \frac{1}{8\pi(1-\mu)}\left[-\frac{(1-2\mu)(z-h)}{R_1^3}+\frac{(1-2\mu)(z-h)}{R_2^3}-\frac{3(z-h)}{R_1^5}-\right.$$
$$\left.\frac{3z(3-4\mu)(z+h)^2-3h(z+h)(5z-h)}{R_2^5}-\frac{30hz(z+h)^3}{R_2^7}\right] \quad (6.41)$$

沿桩长范围内积分，得到桩侧摩阻力在深度 z 处引起的附加应力 σ_{zc} 为：

$$\sigma_{zc} = 2\pi r_p\left[\int_0^{z_1} f(c) q_{su1}(z)\mathrm{d}z + \int_{z_1}^{\frac{z_1+z_2}{2}} f(c) q_{su2}(z)\mathrm{d}z + \int_{\frac{z_1+z_2}{2}}^{z_2} f(c) q_{su3}(z)\mathrm{d}z\right]$$
$$= \frac{\beta r_p}{4(1-\mu)}\cdot\left[\frac{\gamma_s}{2}(L^2-z_1^2-z_2^2)+P_s(L-z_1-z_2)-\left(\gamma_s\frac{z_1}{2}+P_s\right)(z_2-z_1)+\right.$$
$$\left.\frac{\gamma_s}{4}(L+z_1+z_2+P_s)(z_1+z_2)\right]\cdot\left[-\frac{(1-2\mu)(z-h)}{R_1^3}+\frac{(1-2\mu)(z-h)}{R_2^3}-\right.$$
$$\left.\frac{3(z-h)}{R_1^5}-\frac{3z(3-4\mu)(z+h)^2-3h(z+h)(5z-h)}{R_2^5}-\frac{30hz(z+h)^3}{R_2^7}\right]$$
$$(6.42)$$

采用式(6.37)、式(6.40)、式(6.42)分别计算地基表面处桩间土所承受的应力、水泥土搅拌桩端阻力以及桩侧摩阻力引起的附加应力分项数值，代入式(6.32)即可得到复合地基中总附加应力。

已知附加应力分布规律后，采用应力面积法(《建筑地基基础设计规范》推荐方法)，计算长板-短桩复合地基单作用层及下卧层的沉降量。应力面积法也是基于同分层总和法一样的基本假定，其实质上是一种简化并经修正的分层总和法。相比于分层总和法，应力面积法可以划分较少的层数，使得计算工作得以简化；应力面积法提出了沉降计算经验系数，综合反映了诸多因素的影响，计算结果更接近于实际。

应力面积法计算沉降量如图 6.12 所示，若基底以下 $z_{i-1}\sim z_i$ 深度范围第 i 层土的压缩模量为 E_{si}，则在附加应力作用下第 i 层的压缩量 $\Delta S_i'$ 为：

$$d\Delta S'_i = \varepsilon_z dz$$

$$\Delta S'_i = \int_{z_{i-1}}^{z_i} \varepsilon_z dz = \int_{z_{i-1}}^{z_i} \frac{\sigma_z}{E_{si}} dz = \frac{1}{E_{si}} \int_{z_{i-1}}^{z_i} \sigma_z dz = \frac{1}{E_{si}} \left(\int_0^{z_i} \sigma_z dz - \int_0^{z_{i-1}} \sigma_z dz \right) \tag{6.43}$$

式中:$\int_0^{z_i} \sigma_z dz$ 为基底中心点以下 $0 \sim z_i$ 深度的附加应力面积,用 A_i 表示;$\int_0^{z_{i-1}} \sigma_z dz$ 为基底中心点以下 $0 \sim z_{i-1}$ 深度的附加应力面积,用 A_{i-1} 表示。

则有 $\Delta A_i = A_i - A_{i-1}$ 为基底中心以下 $z_{i-1} \sim z_i$ 深度内的附加应力面积,故:

$$\Delta S'_i = \frac{\Delta A_i}{E_{si}} = \frac{A_i - A_{i-1}}{E_{si}} \tag{6.44}$$

为了便于计算,将附加应力面积 A_i 和 A_{i-1} 分别改写为:

$$A_i = (\bar{\alpha}_i p_0) z_i$$
$$A_{i-1} = (\bar{\alpha}_{i-1} p_0) z_{i-1} \tag{6.45}$$

故有:

$$\Delta S'_i = \frac{p_0}{E_{si}} (z_i \bar{\alpha}_i - z_{i-1} \bar{\alpha}_{i-1}) \tag{6.46}$$

总沉降量表达式见式(6.47),即:

$$S' = \sum_{i=1}^n \Delta S'_i = \sum_{i=1}^n \frac{p_0}{E_{si}} (z_i \bar{\alpha}_i - z_{i-1} \bar{\alpha}_{i-1}) \tag{6.47}$$

式中:n 为地基土的层数;p_0 为基础底部的附加应力;$\bar{\alpha}_i$、$\bar{\alpha}_{i-1}$ 是基础底面至第 i 层和第 $i-1$ 层土底面范围内的平均竖向附加应力系数;$\bar{\alpha}_i p_0$、$\bar{\alpha}_{i-1} p_0$ 分别为基底中心以下地基中 z_i、z_{i-1} 深度范围内的附加应力。

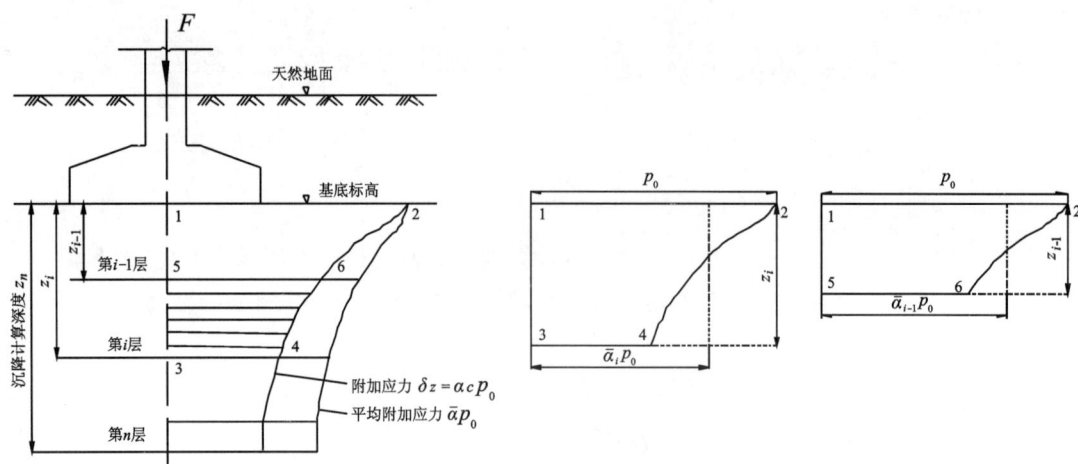

图 6.12 应力面积法计算沉降量示意图

6.3 计算方法验证

将所推导的计算方法应用于穿山港软基处理工程,预测长板-短桩复合地基的沉降,并与实测值进行对比。试验断面的地质情况以及地基处理方案如图 6.13 所示。

第6章 联合处理技术复合地基沉降计算方法

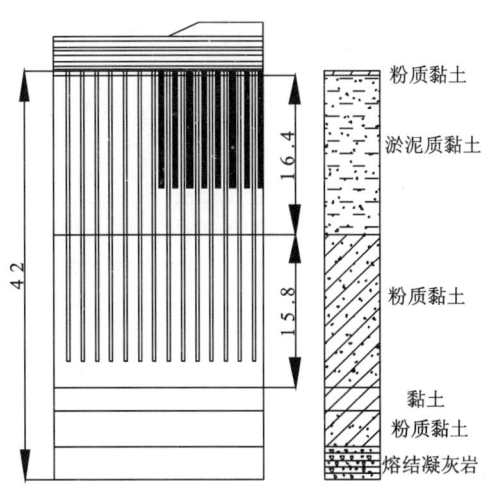

图 6.13 地质概况及地基处理方案

复合地基沉降计算参数如表 6.1、表 6.2 及表 6.3 所示。

表 6.1 地基土沉降计算参数

土层	厚度/m	密度/(g/cm³)	压缩模量/MPa	摩擦因数
粉质黏土	0.35	1.27	2.3	0.25
淤泥质黏土	16.4	0.94	1.4	0.15
粉质黏土	15.8	1.39	3.7	/
黏土	2.4	1.28	2.6	/
粉质黏土	3.7	1.41	4.1	/
熔结凝灰岩	3.35	2.1	42	/

表 6.2 水泥土搅拌桩沉降计算参数

桩长/m	桩径/m	桩间距/m	桩土应力比	变形模量/MPa	桩顶刚度系数/(m/kPa)	桩底刚度系数/(m/kPa)
12	0.5	1.4	3	49	0.000 11	0.000 38

表 6.3 塑料排水板沉降计算参数

芯板厚度/mm	芯板宽度/mm	排水板长/m	渗透系数/(cm/s)
0.112	5	29.36	1.4

根据前述计算方法,分别对长板-短桩复合地基的搅拌桩和排水板共同作用层、排水板单作用层及下卧层沉降量进行计算,并与现场实际监测数据对比,如表6.4所示。计算结果与实际监测吻合较好,表明本文提出的计算方法合理可信,具有较高的精度。

表6.4 沉降量计算值与实测值对比

	共同作用层沉降量/mm	单作用层及下卧层沉降量/mm	总沉降量/mm
解析法	384	313	697
实测值	/	/	631.9

第7章 复合地基施工质量控制及加固效果评价

7.1 概 述

水泥土搅拌桩作为深厚饱和软黏土路基联合处理技术中的重要组成部分,以施工成本低、施工质量易于控制等特点而得以广泛应用。但是,随着搅拌桩施工队伍的迅速发展,人员素质参差不齐,而搅拌桩工法成败的关键是水泥和土搅拌的均匀程度,施工中稍有不慎,就会出现水泥富集块或桩身不连续的质量问题,而导致工程事故。

一般认为,国内搅拌桩产生质量问题主要有以下原因。

(1)施工机械设备和工艺不符合要求。主要表现在电机功率、转速、灌浆压力、叶片层数、喷浆提升速度、出浆口位置和方向等方面。因为水泥浆和土搅拌次数越多,拌和越均匀,水泥土强度越高;反之,强度则越低。

(2)施工管理混乱。搅拌桩施工中个体企业很多,水灰比、搅拌深度、桩身均匀性和连续性均无法保证。

(3)缺乏必要的检测手段。规范对搅拌桩的检测主要为轻便触探器钻取桩身水泥土样,而其检验深度只有3~4m。静载试验虽能给出桩的承载力,但不能给出全长桩身质量,且存在荷载作用面积小、时间短导致影响深度有限的问题。目前因缺少对桩身全长质量检测的方法,使得桩身水泥土很差的搅拌桩常能顺利通过最终的质量检测关。

因此,为了保证复合地基的质量,需要在施工过程中加强质量检验与现场的质量管理。同时,为了合理评价复合地基加固后的效果,需要提出适用于深厚饱和软黏土地基的技术参数,并根据测试成果和现场检测资料对加固效果进行分析。

7.2 质量控制

7.2.1 施工质量检验

7.2.1.1 水泥搅拌桩施工质量检验

(1)水泥搅拌桩所用的水泥品种、规格及质量应符合设计要求。

(2)浆液应严格按设计配合比拌制,制备好的浆液应均匀,不得离析。每根桩施工过程中检验2次,并用浆液比重计检测浆液密度。

(3)水泥搅拌桩的数量、布桩形式应符合设计要求。

(4)水泥搅拌桩的长度应符合设计要求。通过测量钻杆长度进行检查。

(5)水泥搅拌桩的完整性、均匀性、无侧限抗压强度应满足设计要求。水泥搅拌桩完工后28d,在每根检测桩桩径方向1/4处、桩长范围内垂直钻孔取芯。观察其完整性、均匀性,拍摄取出芯样的照片,在上、中、下各1/3范围中部分别取样作无侧限抗压强度试验。取芯后的孔洞采用水泥砂浆灌注封闭。

(6)水泥土搅拌桩处理后的复合地基承载力应满足设计要求,单桩承载力不小于78kN,按验标要求进行平板荷载试验。

(7)水泥搅拌桩施工的允许偏差、检验数量及检验方法应符合表7.1的规定。

表7.1 水泥搅拌桩施工的允许偏差

序号	项目	单位	允许偏差	检查方法和频率
1	桩位	cm	±5	抽查2‰
2	桩体有效直径	mm	不小于设计值	抽查2‰
3	桩长	cm	不小于设计值	查施工记录
4	桩体垂直度	%	1	查施工记录
5	单桩喷浆量	%	不小于设计规定	查施工记录
6	桩体无侧限抗压强度	MPa	不小于设计值	抽查5‰

7.2.1.2 双向搅拌桩施工质量检验

(1)双向搅拌桩所用的水泥和外加剂品种、规格及质量应符合设计要求。

(2)浆液应严格按设计配合比拌制,制备好的浆液应均匀,不得离析。每根桩施工过程中检验2次,并用浆液比重计检测浆液密度。

(3)双向搅拌桩的数量、布桩形式应符合设计要求。

(4)双向搅拌桩的长度应符合设计要求。通过测量钻杆长度进行检查。

(5)双向搅拌桩的完整性、均匀性、无侧限抗压强度应满足设计要求。双向搅拌桩完工后28d,在每根检测桩桩径方向1/4处、桩长范围内垂直钻孔取芯。观察其完整性、均匀性,拍摄取出芯样的照片,在上、中、下各1/3范围中部分别取样作无侧限抗压强度试验。取芯后的孔洞采用水泥砂浆灌注封闭。

(6)双向搅拌桩处理后的复合地基承载力应满足设计要求,单桩承载力不小于94kN,按验标频率进行平板荷载试验。

(7)双向搅拌桩施工的允许偏差、检验数量及检验方法应符合表7.2的规定。

表 7.2 双向搅拌桩施工的允许偏差、检验数量及检验方法

序号	检验项目	允许偏差	施工单位检验数量	检验方法
1	桩位(纵横向)	50mm	按成桩总数的0.5%抽样检验,且每检验批不少于3根	经纬仪或钢尺丈量
2	桩体垂直度	1%		经纬仪或吊线测钻杆倾斜度
3	桩体有效直径	不小于设计值		开挖50~100cm深后,钢尺丈量

7.2.2 质量保证措施

7.2.2.1 组织保证措施

(1)项目部将推行全面质量管理方法,按《铁路路基工程施工质量验收标准》(TB10414—2003)要求进行各项质量检测。

(2)项目经理部成立质量管理领导小组,领导小组由项目经理任组长,项目总工程师任副组长,成员由技术、安质、测量、物资、试验等职能部门成员、作业班组长等组成。

(3)三检制:严格执行"三检制",层层把关,做到质量不达标准不验收,上道工序未经验收不得进行下一步工序的施工。

(4)严把材料关:工程质量的优劣、原材料的质量是关键,为确保整个工程质量达到优良,在保证材料合格率方面应严格把关。

(5)认真做好原始记录及资料整理工作,做到资料齐全、准确、工整。对质量事故应及时上报监理工程师,不合格工程坚决返工,不留隐患。

(6)对连续作业的工作,实行交接班制度,并做好交接班记录。

(7)制订切实可行的质量奖罚制度,并按各项工程验收情况,每月考核兑现,责任到人,奖罚分明。

7.2.2.2 技术保证措施

1)水泥搅拌桩

为保证水泥搅拌桩的施工质量,根据施工条件、设计要求和相关行业规范,拟采取如下质量保证措施达到施工质量目标。

(1)采用 P·O 42.5 普通硅酸盐水泥作加固材料,每批水泥进场必须出具合格证明,并按每批次现场抽样外检,合格后才能投入使用。施工中所有计量工具均应进行鉴定。水泥进场后,应垫高水泥台,覆防雨彩布,防止水泥受潮结块。

(2)浆液水灰比、浆液比重、每米桩体掺入水泥重量等参数均以现场试桩情况为准。施工现场配备比重计,每天量测浆液比重,严格控制水泥用量。运灰小车及搅拌桶均做明显标记,以确保浆液配比的正确性。灰浆搅拌应均匀,并进行过滤。喷浆过程中浆液应连续搅动,防止水泥沉淀。

(3)成桩试验,由设计、业主、监理、施工单位共同确定水泥搅拌桩施工参数,保证成桩直

径不小于设计桩径。

(4)严格控制喷浆提升速度,确保喷浆过程连续均匀,防止出现断桩。

(5)实行技术人员随班作业制,技术人员必须时刻注意检查浆液初凝时间、注浆流量、风量、压力、旋转提升速度等参数是否满足设计要求,及时发现和处理施工中的质量隐患。当出现实际孔位孔深和每个钻孔内的地下障碍物、洞穴、涌水、漏水及与工程地质报告不符等情况时,应详细记录,认真如实填写施工报表,客观反映施工实际情况。

(6)根据地质条件的变化情况及时调整施工工艺参数,以确保桩的施工质量。

(7)配备一套备用发电机组。水泥搅拌桩施工,进入旋喷作业则应连续施工。若施工过程中停电时间过长,则启用备用发电机,保证施工正常进行。

(8)施工现场配备常用机械设备配件,保证在机械设备发生故障时,能够及时抢修。

2)双轴水泥搅拌桩

为保证双向搅拌桩的施工质量,根据施工条件、设计要求和相关行业规范,拟采取如下质量保证措施达到施工质量目标。

(1)采用P·O 42.5普通硅酸盐水泥作加固材料,每批水泥进场必须出具合格证明,并按每批次现场抽样外检,合格后才能投入使用。施工中所有计量工具均应进行鉴定。水泥进场后,应垫高水泥台,覆防雨彩布,防止水泥受潮结块。

(2)灰量控制:不得超过规定值的±5%。

(3)桩径:必须采用相应规格的钻头,因磨损达不到要求时应予更换,一旦发现桩径小于设计要求须按相同置换率在桩边补桩。

(4)为确保压浆时不发生断浆现象,严格控制喷浆和搅拌速度。

(5)搅拌桩施工完并达到龄期后,人工凿除桩顶50cm的浮浆段才可进行下道工序施工;桩体施工完成一个月并且经验收合格后,方可进行其他施工和下道工序施工。

(6)由专人负责双向搅拌桩的施工,全过程旁站双向搅拌桩的施工过程。所有施工机械均应编号,应将现场技术员、钻机长、现场负责人、双向搅拌桩桩长、桩距等制成标牌挂于钻机明显处,确保人员到位,责任到人。

(7)双向搅拌桩开钻前,应用水清洗整个管道并检验管道中有无堵塞现象,待水排尽后方可下钻。

(8)为保证双向搅拌桩桩体垂直度满足规范要求,在主机上悬挂一吊锤,通过使吊锤与钻杆上、下、左、右距离相等来进行控制。

(9)为保证双向搅拌桩桩端、桩顶及桩身质量,提钻喷浆时应在桩底部停留10~20s,进行磨桩端,上提过程中在桩顶部位进行磨桩头,停留10~20s。

(10)施工时应严格控制喷浆时间和停浆时间。每根桩开钻后应连续作业,不得中断喷浆。严禁在尚未喷浆的情况下进行钻杆提升作业。储浆罐内的储浆应不小于一根桩的用量加50kg。若储浆量小于上述重量时,不得进行下一根桩的施工。

(11)施工中发现喷浆量不足,应按监理工程师要求整桩复搅,复喷的喷浆量不小于设计用量。如遇停电、机械故障原因,喷浆中断时应及时记录中断深度。在12h内采取补喷处理措施,并将补喷情况填报于施工记录内。补喷重叠段应大于100cm,超过12h应采取补桩措施。

7.2.3 安全、环保及文明施工措施

7.2.3.1 安全施工组织措施

(1)建立以工程项目经理为第一责任人,以岗位责任制为中心的安全生产责任制。项目经理部设安全领导小组,各作业队设一名专职安全员,作业班组设兼职安全员,构成覆盖整个工程的安全管理体系。

(2)安全生产一票否决,坚持"三不放过"原则,实施安全生产奖惩制度,做到层层落实。

(3)坚持"安全第一,预防为主"的方针,加强全体施工人员的安全生产意识,做到人人对岗位安全心中有数,定期举行安全会议和安全检查,及时发现和处理安全隐患,把各种不安全因素消灭在萌芽状态。

(4)加强各类机械设备的"管、用、修、养",定人、定机、定责管理,禁止机械设备带病工作,防止意外事故发生。

(5)机械设备操作运行人员,电工、焊工、起重工现场指挥人员等,必须持证上岗。

(6)在施工过程中,施工人员必须戴好安全帽,安全工程师及安全员及时观察施工现场情况。根据不安全苗头采用相应的临时措施,做到防患于未然。

7.2.3.2 环境保护方案及措施

在工程施工过程中,严格遵守国家和地方政府下发的有关环境保护的法律、法规和规章以及监理人员制定的有关本工程环境保护的规则,加强对噪声、粉尘、废气、废水的控制和治理,努力降低噪声,控制粉尘和废气浓度以及做好废水和废油的治理和排放,遵守有关鱼类和野生动物、树木、文物保护、防火及废弃物处理的规章制度,随时接受业主、监理及当地政府环保机构的监督和检查。

(1)自然环境的保护。保护施工区外的场地及植被,未经允许不自行砍伐树木,合理设计开挖区的边坡,并采取防护措施,以免引起滑坡而破坏植被。

凡没有使用价值的可燃物,经有关部门批准后应尽快烧毁。无法烧尽的废物,严重污染环境的按照专门的规定进行处理,其他废物必须堆砌在监理工程师批准的弃渣场。

对于合同规定的施工活动界限之外的植物、树木尽量维护原状,不能让有害物质(如燃料、油料、化学品、酸以及超过允许剂量的有害气体和尘埃、污水、弃碴)污染土地、河川。

堆体采用开挖碴料或土料覆盖,其覆盖厚度不小于0.6m,且堆体不妨碍天然排水或污染河川。

在工地配置专业人员和专用工具,保持施工区和生活区的环境卫生,及时清理生产、生产垃圾,并将其运至指定地点进行掩埋处理或焚烧处理。施工车辆经冲洗后离开现场。

水泥等粉状建筑材料设专门库房堆放。

定期保养施工设备,减少噪声。

检查钻机、汽车、装载机、吊车等用油设备的废气排放量,不合格者不使用。施工期间,不

随意燃烧树木及废物,以免污染空气。

(2)水源污染防治措施。采取措施防止任何污染物质直接或间接地进入河道、水源,各种施工用的燃料、油料、化学品、酸等做到严格管理、特殊保管。储存地应远离地表水源,并距离任何地表水源至少 150m。

做好施工生产、生活区排水系统的设计、生产、生活废水、污水都经过处理达到排放标准后才排至河道,严格防止废水、污水直接排入农田和河道。

(3)防止水土流失措施。采取有效措施,对施工开挖的边坡及时进行保护并做好排水措施,避免由于施工造成的水土流失。

防止在工程利用或占用的范围内发生土壤冲蚀以及对土地、河床或河岸的冲刷,并防止由于工程施工而造成开挖料或其他冲蚀物质在任何河流或支流中的淤积。

生活区、拌和楼的废水用排水沟排至指定地点;生活垃圾集中堆放并定期运至场外指定地点;在施工平台设置排水沟、集水池,将施工废水、废浆排至指定地点。

7.2.3.3 现场文明施工方案及措施

(1)成立文明工地施工领导小组,由管生产的项目副经理主持工作,由综合办公室指派一人专门负责文明工地建设,由值班工长负责落实施工现场的文明施工工作。

(2)工地布置建设时,按安全文明标准工地进行。

(3)开展文明工地、文明班组建设活动,按照各单位的施工范围进行分区卫生包干,将责任落实到人。

(4)保持施工现场和生活区干净整洁,现场材料、工具摆放整齐有序,电缆、水管分别架设,不乱扔垃圾和废弃材料,做到工完料尽场地清,生活区定期进行卫生清洁和消毒杀菌,进行必要的文明礼貌宣传和文明共建活动,创建一流的卫生文明的生活环境和施工环境。

(5)指派专人统一管理和协调工地的治安保卫、施工安全和环境保护等有关文明施工事宜,形成良好的生产、生活环境。

(6)搞好现场施工道路的维修工作,做到路面平整、干净、保证道路畅通,危险地段设置明显标志,及时清除路障,同时要求所有车辆驾驶员文明礼貌驾车,且经常对车辆进行维护、冲洗,保持良好车容、车貌。

(7)教育现场全体人员遵纪守法,坚决杜绝打架斗殴、赌博等不良行为。

(8)尊重当地民风民情和生活习惯,与当地政府、当地人民群众以及监理人员、设计代表等机构建立良好的关系,为文明施工创造良好的氛围。

(9)全体上岗人员进入工作场地,身着统一的服装,来往于工区的施工机械,车辆均涂刷醒目的标志。

7.3 加固效果评价方法

工程实践表明地基处理的直接效果是使地基土性质发生明显变化,如变形指标及强度指标都得到了明显的提高,从而使地基土的稳定性及承载力得到改善。因此地基土工程性质的变化可以作为地基处理效果的一个有效评价手段。

其主要控制指标包括以下 5 种。

(1)地基与桩体强度:包括单桩和复合地基静载荷试验、标准贯入试验、静力触探与动力触探试验、桩身高应变检测、钻芯法,如图 7.1~图 7.3 所示。

图 7.1　单桩静载荷试验

图 7.2　复合地基静载荷试验

图 7.3　标准贯入试验

(2)地基变形:包括地基沉降与水平位移测试,如图7.4所示。

图7.4 水平位移测试

(3)应力监测:包括土压力和孔隙水压力测试,如图7.5所示。

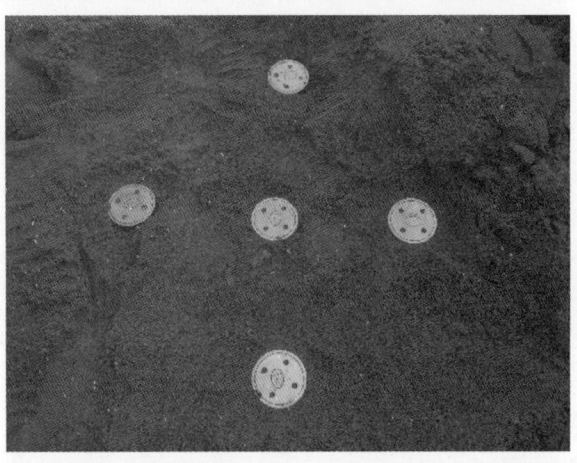

图7.5 土压力计埋设

(4)桩身完整性:采用桩身低应变检测和声波投射法测试,如图7.6所示。

图7.6 低应变检测

(5)动力特征:采用波速测试、地基刚度测试等,如图 7.7 所示。

图 7.7 波速测试

第8章 结 论

本专著以穿山港软基处理工程为研究背景,通过现场试验以及有限元数值模拟,系统分析了联合地基处理技术中复合地基关键物理量(沉降、超孔压以及桩土应力比等)的变化规律;建立了相应的解析模型,探讨了复合地基的作用机理;建立了加固体、排水体和地基的不同组合形式的共同作用解析模型,分析了不同影响因素的敏感度,提出适用于联合地基处理技术的承载力计算方法和沉降计算方法;同时,对影响工程质量的因素进行分析,根据现场施工情况,提出了施工质量控制措施复合地基的加固效果方法。本专著的研究有助于联合地基处理技术的推广应用,并为在深厚饱和软黏土地基上进行铁路路基工程施工提供借鉴与参考。

本专著通过对深厚饱和软黏土路基联合处理技术的研究,得出以下结论。

1. 根据现场监测资料,得到以下主要规律

(1)浅层以及深层地基土在较短的固结时间内均产生了较大的沉降,表明塑料排水板联合水泥土搅拌桩在处理深厚饱和软土地基时可以取得较好的效果。

(2)联合处理技术复合地基沉降沿路基横断面的分布呈"平底锅"的形状;而常见的搅拌桩复合地基沉降呈锯齿状交错分布。这表明联合处理技术复合地基桩土沉降更为均匀,横断面各处沉降差异明显小于搅拌桩复合地基,其桩土协同能力优于搅拌桩复合地基。

(3)联合处理技术复合地基桩土应力比在加载期间最大值小于常见的搅拌桩复合地基桩土应力比,表明长板-短桩复合地基受力更为均匀。

2. 建立了联合处理技术复合地基的固结解析模型,得到以下规律

(1)建立了两种解析计算模型,分别进行了求解,并将计算结果与实际监测数据进行了对比分析,吻合较好,表明提出的解析计算公式较为合理。

(2)分析了联合处理技术复合地基的固结性状。复合地基的固结速率随着井径比的增大而增大;桩、井扰动效应对固结速率的影响较小;桩、井布置形式对固结速率有较大影响,三角形密集型布置固结最快;桩井间距对固结速率的影响存在临界值,可以通过控制桩和井的布置间距来控制复合地基的固结速率;固结速率随着桩土模量比的增大而增大。

3. 采用ABAQUS有限元软件建立了桩-板-地基共同作用模型。并对相关影响因素进行了数值分析,得到以下规律

(1)数值模型计算结果与现场试验成果拟合较好,表明在建立有限元模型过程中,对水泥土搅拌桩以及塑料排水板等不连续体进行平面应变等效处理,可以提高数值模拟的精度。

(2)联合处理技术复合地基的总沉降量随着桩长的增加而减小;随着桩间距的增加而增大;随着桩身模量的增加而减小。

(3)对联合处理技术复合地基的工后沉降进行了预测。左侧路基工后沉降为134.24mm,右侧路基工后沉降为144.21mm,路基中心工后沉降为125.52mm。均在规范和设计允许范围内。

(4)基于现场试验和数值模拟计算结果,对现有的计算方法进行了改进,提出了适用于联合地基处理技术复合地基的承载力计算方法和沉降计算方法。

主要参考文献

陈蕾.排水粉喷桩复合地基固结理论研究[D].南京:东南大学,2006.

邓永锋,洪振舜,等.搅拌桩复合地基平面模拟的简化方法探讨[J].岩土力学,2005(S1):209-212.

房营光.层状饱和黏性土砂井路基的固结变形分析[J].土木工程学报,1997(05):49-57.

房营光.砂井地基固结的空间渗流和群井效应的解析分析[J].岩土工程学报,1996(02):30-36.

费康,彭劼.ABAQUS岩土工程实例详解[M].北京:人民邮电出版社,2017.

费康,张建伟.ABAQUS在岩土工程中的应用[M].北京:中国水利水电出版社,2010.

郝玉龙,陈云敏,王军.深厚软土未打穿砂井超载预压地基孔隙水压力消散规律分析[J].中国公路学报,2002(02):39-42.

黄生根,吴鹏,戴国亮.基础工程原理与方法[M].武汉:中国地质大学出版社,2009.

李海芳.路堤荷载下复合地基沉降计算方法研究[D].杭州:浙江大学,2004.

刘孝江.水泥搅拌桩和塑料排水板联合处理软基的试验研究和工程应用[D].南京:南京林业大学,2005.

刘一林,谢康和,潘秋元.水泥搅拌桩复合地基变形特性的有限元分析[C].第六届全国土力学及基础工程学术会议论文集,1991:665-668.

刘宇甲,余湘娟,高磊,等.长板-短桩工法处理深厚海相软土效果分析[J].河南科学,2017,35(02):247-252.

卢萌盟.复杂条件下复合地基固结解析理论研究[D].杭州:浙江大学,2009.

郭彪,龚晓南,卢萌盟等.考虑涂抹作用的未打穿砂井地基固结理论分析[J].岩石力学与工程学报,2009,28(12):2561-2568.

秦建庆,叶观宝,费涵昌.Mindlin解在水泥土桩复合地基变形计算中的应用[J].岩土工程技术,2000(01):17-20.

石亦平,周玉蓉.ABAQUS有限元分析实例详解[M].北京:机械工业出版社,2006.

司海燕,芪红涛,等.基于离心模型试验的长板-短桩工法研究[J].岩土工程学报,2011,33(S1):406-409.

宋修广,郭宗杰,刘金章.粉喷桩复合地基的数值计算分析[J].岩土力学,2002,23(4):494-497.

王宏贵.长板-短桩复合地基加固机理与工程应用研究[D].长沙:中南大学,2011.

王立忠,李玲玲.未打穿砂井地基下卧层固结度分析[J].中国公路学报,2000(03):6-10.

王年香,章为民.深层搅拌法加固码头软基离心模型试验研究[J].岩土工程学报,2001(05):634-638.

王瑞春,谢康和.变荷载下竖向排水井地基粘弹性固结沉降解析解[J].土木工程学报,2001,34(6):93-99.

王瑞春,谢康和.双层散体材料桩复合地基固结解析理论[J].中国公路学报,2001,23(4):418-422.

谢康和,潘秋元.变荷载下任意层地基一维固结理论[J].岩土工程学报,1995(05):80-85.

谢康和,曾国熙.等应变条件下的砂井地基固结解析理论[J].岩土工程学报,1989(02):3-17.

邢皓枫,杨晓军,龚晓南.刚性基础下水泥土桩复合地基固结分析[J].浙江大学学报(工学版),2006(03):485-489.

邢皓枫,张振,叶观宝,等.长板-短桩复合地基排水系统简化分析[J].同济大学学报(自然科学版),2011,39(05):656-660.

许春松.水泥搅拌桩复合地基承载特性及其在软土路基中的应用[D].长沙:湖南大学,2012.

闫富有.成层未打穿砂井地基固结Lagrange插值解法[J].岩石力学与工程学报,2007(09):1932-1939.

晏青青.长板-短桩工法离心模型试验设计与分析[D].上海:同济大学,2008.

杨涛,李国维.路堤荷载下不排水端承桩复合地基固结分析[J].岩土工程学报,2007(12):1831-1836.

叶观宝,陈健,邢皓枫,等.长板-短桩复合地基桩土应力比试验研究[J].低温建筑技术,2010,32(01):83-85.

叶观宝,陈健,邢皓枫,等.长板-短桩组合型复合地基固结特性试验[J].同济大学学报(自然科学版),2010,38(12):1725-1729.

叶观宝,李娟,吴家府.长板-短桩工法在高速公路软基上的应用与效果评价[J].勘察科学技术,2008(06):38-41+64.

叶观宝,王艳,高彦斌.复合地基单元体的有限元分析[J].公路交通科技,2007(05):52-54+58.

叶观宝,王艳,徐超.长板-短桩工法加固机理数值研究[J].水文地质工程地质,2006(04):120-123.

叶观宝,徐超,王艳.长板-短桩工法处理高速公路深厚软基理论与方法[J].岩土工程师,2003(4):3-6.

叶观宝,叶书麟.水泥土搅拌桩加固软基的试验研究[J].同济大学学报(自然科学版),1995(03):270-275.

俞海强.长板-短桩处理深厚软土地基及沉降计算[J].中国高新技术企业,2010(21):176-178.

张迎春. 长板短桩复合地基试验研究[J]. 广东公路交通,2012(03):105-110.

张玉国,谢康和,等. 未打穿砂井地基下卧层固结研究分析[J]. 岩土力学,2005(11):46-51.

章定文,刘松玉. 试论连云港海相软土路堤沉降规律[J]. 岩土力学,2006(02):304-308.

赵维炳,陈永辉,龚友平. 平面应变有限元分析中砂井的处理方法[J]. 水利学报,1998(06):54-58.

赵维炳. 砂井地基固结分析半解析方法的改进[J]. 岩土工程学报,1991(04):51-58.

周开茂,谢康和,等. 双面排水条件下未打穿竖井地基固结计算[J]. 浙江大学学报(工学版),2007(01):151-156.

周开茂,谢康和,应宏伟,等. 双面排水条件下未打穿竖井地基固结计算[J]. 浙江大学学报(工学版),2007,41(1):151-156.

周荣超,潘思建,叶观宝. 高速公路长板-短桩工法复合地基的理论与方法研究[J]. 盐城工学院学报(自然科学版),2007(02):73-78.

Alamgir M, Miura N, Proorooshasb H B, et al. Deformation analysis of soft ground reinforced by columnar inclusion[J]. Computers and Geotechnics,1996,18(4):267-289.

Baker Sadek. Deformation behavior of lime/cement column stabilized clay[M]. Doktorsavhandlinger vid Chalmers Tekniska Hogskola, Publisher: Chalmers Tekniska Hogskolo, 2000:1-203.

Barron R A. Consolidation of fine grained wells[J]. Transactions of ASCE,1948,113:718-732.

Chew S H, Kamruzzaman A H M and Lee F H. Physicochemical and engineering behavior of cement treated clays[J]. Journal of Geotechnical and Geoenvironmental Engineering,2004,130(7):696-706.

Hansbo S. Consolidation of fine-grained soils by prefabricated drains[C]. Stockholm, Proc. 10th ICSMFE,1981a,(3):677-682

Horne M R. The consolidation of a stratified soil with vertical and horizontal drainage[J]. International Journal of Mechanical Sciences,1964.

Krishnamoorthy A, Kamal S. Stability of an embankment on soft consolidating soil with vertical drains[J]. Geotechnical & Geological Engineering,2016,34(2):657-669.

Lee F H. Strength and modulus of marine clay-cement mixes[J]. Journal of Geotechnical and Geoenvironmental Engineering,2005,131(2):178-186.

LIN K Q, Wong I H. Use of deep cement mixing to reduce settlement at bridge approached[J]. Journal of Geotechnical and Geoenvironmental Engineering,1999,125(4),309-320.

None. Consolidation of fine-grained soils by prefabricated drains[C]. Hansbo, S. Proc. 10th International Conference on Soil Mechanics and Foundation Engineering, Stockholm, 15-19 June 1981V3,P677-682. Publ. Rotterdam: A. A. Balkema,1981.1984.

Richart F E. A Review of the Theories of Sand Drains[C]. Proc. ASCE, 1957, 83(3): 1-38.

TANG X W, Onitsuka K, Xie K H. Consolidation solution for double-layered ground with vertical ideal drains[C]. Proc. of 9th int. conf. of the association for computer methods and advances in geomechanics, Wuhan, 1997(a): 447-450.

TANG X W, Onitsuka K. Analytical solution of Consolidation of double-layered ground with vertical drains[C]. Proceedings of the 52nd Annual Conference of JSCE. 3-(A), 1997 (b): 350-351.

TANG X W, Onitsuka K. Consolidation by vertical drains under time-dependent loading [J]. International Journal for Numerical & Analytical Methods in Geomechanics, 2015, 24 (9): 739-751.

WANG X S, Jiao J J. Analysis of soil consolidation by vertical drains with double porosity model[J]. International Journal for Numerical & Analytical Methods in Geomechanics, 2004, 28(14): 1385-1400.

XIE K H, Lee P K, Xie X Y. Consolidation theory for soft clays reinforced by cement of granular columns[C]. Proc. 10th int. conf. of the association for computer methods and advances in geomechanics, 2001.

XIE K H, Xu Y, Hu A F. Study on consolidation of composite foundation under highway [C]. Proc. of 12th Asian regional conf. on soil mechanics and geotechnical engineering, 2003.

Yoshikuni H, Nakanodo H. Consolidation of soils by vertical drain wells with finite permeability[J]. Soils and Foundations, 1974, 14(2): 35-46.

Yoshikuni H. Design and control of construction in the vertical drain method[D]. Tokyo: Gihoudou, 1974.